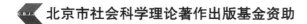

北京市社会科学理论著作出版基金资助

首都经济贸易大学出版基金资助

U0632939

中国商业银行
差异化监管研究
——基于监管效率的视角

王婉婷 ◎ 著

ZHONGGUO SHANGYE YINHANG

CHAYIHUA JIANGUAN YANJIU

JIYU JIANGUAN XIAOLU DE SHIJIAO

首都经济贸易大学出版社

Capital University of Economics and Business Press

·北京·

图书在版编目（CIP）数据

中国商业银行差异化监管研究：基于监管效率的视角/王婉婷著.
—北京：首都经济贸易大学出版社，2016.5

ISBN 978 - 7 - 5638 - 2468 - 7

Ⅰ. ①中⋯ Ⅱ. ①王⋯ Ⅲ. ①商业银行—银行监管—研究—中国
Ⅳ. ①F832.33

中国版本图书馆 CIP 数据核字（2016）第 002514 号

北京市社会科学理论著作出版基金资助

中国商业银行差异化监管研究：基于监管效率的视角
王婉婷　著

出版发行	首都经济贸易大学出版社	
地　　址	北京市朝阳区红庙（邮编 100026）	
电　　话	（010）65976483　65065761　65071505（传真）	
网　　址	http：//www. sjmcb. com	
E－mail	publish@cueb. edu. cn	
经　　销	全国新华书店	
照　　排	首都经济贸易大学出版社激光照排服务部	
印　　刷	北京京华虎彩印刷有限公司	
开　　本	710 毫米×1000 毫米　1/16	
字　　数	233 千字	
印　　张	13.25	
版　　次	2016 年 5 月第 1 版　2016 年 5 月第 1 次印刷	
书　　号	ISBN 978 - 7 - 5638 - 2468 - 7/F·1391	
定　　价	35.00 元	

前　言

美国服务市场营销学专家格鲁诺斯（Christian Cronroos，1984）根据服务业的基本特征分析了银行的差异化战略，从此企业差异化理论也在银行经营发展中得到了广泛的研究和讨论。不同类型银行应在充分认识自身发展特质的基础上发挥自身比较优势，吸引和建立特定目标客户群体，以实现自身的差异化发展。但这种差异化发展过程需要监管机构根据不同银行发展状况和特征采用差异化的监管政策，积极推动大、中小银行走出符合自身发展规律和优势的差异化路线。

源自企业竞争理论的"差异化"理念被引入银行监管领域，逐步成为监管当局提高监管效率，促进金融资源优化配置的主流监管思想。差异化监管既符合"效率型"银行监管理论的实质和内容，又可成为推动不同类型商业银行特色化经营的外部力量。通过对我国银行业监督管理委员会监管政策的总结发现，不同类型商业银行差异化监管的思想最早出现在《关于调整放宽农村地区银行业金融机构准入政策，更好支持社会主义新农村建设的若干意见》（银监发〔2006〕90号）中，其提到"根据农村地区新设银行业法人机构的资本充足状况及资产质量状况，适时采取差别监管措施"。而在2011年，差异化监管的思想更是在多个监管政策中着重体现，其中《关于中国银行业实施新监管标准的指导意见》（银监发〔2011〕44号）、《关于支持商业银行进一步改进小企业金融服务的通知》（银监发〔2011〕59号）分别提出了新资本协议实施差异化过渡期安排、不同类贷款信用风险权重的差异化设定以及大力扶持小企业金融服务的差异化规定。但是，从当前银行监管的文献研究来看，银行监管的差异化研究较少，尤其缺乏基于监管效率视角对当前已有差异化监管政策的梳理及评价；从当前中国差异化监管政策来看，直接针对不同类型银行业务特点促进其特色经营的差异化政策较少，更多侧重于满足社会经济发展的某种金融需求，比如目前多项监管手段目的在于激励全体商业银行加大对中小微企业、农村的金融服务，尚未以各类银行不同的战略定位为出发点提出差异监管，这将导致不同类型银行坚持自身经营方向的动力不足，不同客户群体获得金融服务的公平性受到削弱。鉴于此，本书基于监管效率视角，从理论和现实两个方面明确差异化监管的重要性，归纳和实证分析当前中美差异化监管政策及其有效性，根据中国当前差异化监管政策的现实及大中小商业银行发展特征的不同提出差异化监管的需求，并进而提出差异化监管的政策建议。

本书的研究思路及内容结构安排

首先，基于监管效率的角度，从理论和现实两个方面讨论银行差异化监管的必要性（第一章和第二章）。在理论上，差异化监管是效率型监管阶段的必然，与银行监管追求"效率"的目标相符。在现实中，单一监管下的效率损失分析为差异化监管提供了现实依据。

然后，鉴于中国大、中小银行在市场定位、资本来源、业务结构、风险特征等方面的众多差异，以及针对不同规模银行差异化监管政策的欠缺，本书将全面总结并比较当前中美两国已有的不同规模银行差异化监管政策（第三章），并通过计量实证检验当前差异化监管政策的有效性（第四章）。

最后，结合对当前中国差异化监管政策问题的归纳以及对已有监管政策的效率实证，深入挖掘中国大、中小商业银行经营特征的不同对差异化监管的需求（第五章），最终从多角度寻找有效针对不同规模银行发展需求的差异化监管政策（第六章）。这对于提高银行监管的效率，促进大中小银行利用自身比较优势实现特色化经营，减少当前银行之间的同质化，实现银行业的良性竞争具有重要的意义。同时，根据中国银行业的最新发展及监管的最新进展，本书在每一章节设有专题内容，突出本书内容与时下热点的结合。

本书拟解决的问题

1. 商业银行差异化监管的理论基础和现实基础。对于理论基础，从原有的银行监管理论入手寻找"差异化监管"理念的理论支撑，归纳当前已有差异化监管文献的研究进展；关于现实基础，从银行监管效率的视角，分析中国在当前较为单一的监管政策下银行监管的效率损失。

2. 揭示不同国家商业银行差异化监管政策的特点和演进规律，在对比分析中寻找值得中国差异化监管政策借鉴之处。

3. 设定一套较为合理的监管效率指标评价体系，以此为标准实证分析中美两国已出台的差异化监管政策的有效性，可作为差异化监管政策改进的一项依据。

4. 分析中国大、中小商业银行的市场定位、资本构成、业务结构和盈利状况、分支机构数量和地理分布、不同类型风险特征等方面的差异之处，以此为出发点提出监管差异化的需求。

5. 与大、中小商业银行经营的差异性相对应，分析当前大、中小银行监管政策是否能够满足各自差异化发展的需要，而正是这种经营"差异性"的需求与现行差异化监管手段不足形成的对比，成为提出适应大、中小银行各自发展的差异化监管需求的根据，进而提出不同规模商业银行差异化监管的政策建议。

本书独特之处

1. 对于差异化监管理论基础的寻找及梳理。"差异化"作为企业竞争领域的理念，引入监管研究尚缺乏坚实的理论根源予以支持。本书以时间发展为脉络，以不同时间段经济学理论、典型事件为银行监管理论发展背景，建立起特定经济发展阶段、经济学理论和银行监管理论之间的相关性。在银行监管理论及监管目标的梳理中发掘，差异化监管理论是效率型监管理论的延续和有益补充。

2. 反向论证差异化监管的现实基础。基于银行监管效率视角，建立稳定性、盈利性、公平性、发展性四层次的监管效率评价体系，利用大量的数据分析目前较为单一监管政策带给中国银行业监管的效率损失。

3. 对已有差异化监管政策的系统梳理及国际比较。目前已有文献直接对差异化监管手段的研究较少，且研究中首先缺乏对已有差异化监管政策的梳理及总结。本书通过对大量法律规章的查找、阅读及整理，从资本监管、机构准入监管、业务审批监管、不同风险监测指标、存款保险制度规定等方面较为完整地归纳了中美两国不同规模银行差异化监管政策的特点和演进规律，在对比分析中寻找当前值得中国差异化监管借鉴之处。

4. 以往监管效率判定的研究中，多针对以银行业整体为对象的监管手段的效率度量，缺乏对差异化监管手段有效性的实证。本书以监管效率的指标体系为评价标准，实证分析中美两国已出台的差异化监管政策的有效性，作为差异化监管政策改进的一项依据。

5. 从不同规模银行的差异性研究来看，大、中小商业银行差异化监管研究具有一定的现实需要，但是目前的研究多从整体上讨论不同规模银行的规模经济、风险特征问题，对不同规模商业银行经营的差异性缺乏细化、全面的分析。本书则从中国大、中小商业银行的市场定位、资本构成、业务结构和盈利状况、分支机构数量和地理分布、不同类型风险特征等方面分析发展的差异之处，以此为出发点向监管当局提出"差异化"的监管需求。

此外，在此需要对本书研究所涉及的三个基本研究范畴（商业银行、银行监管、差异化监管）进行明确界定：

1. 商业银行：本书研究的银行主要是指存款货币银行。按照国际货币基金组织的定义，"存款货币银行主要是指能够创造存款货币的金融中介机构，不论其具体采取的称呼如何，统称为存款货币银行"[①]。在我国，按照中国银行业监督管理委员会的规定，商业银行包括大型商业银行、股份制商业银行、城市商业银行、农村商业银行、外资银行[②]。其中，大型商业银行、股份制商业银行和城市商业银行是存款货币银行的主体，也是本书研究的主要监管对象。

2. 银行监管：关于监管或金融监管的概念，不同的学者从不同角度和研究目的出发进行了不同的解释。根据研究范畴不同，金融监管有狭义和广义之分：狭义的金融监管主要研究当局监管；广义的金融监管除了涉及主管当局的监管之外，还包括金融机构的内部控制、行业自律性组织的监督和约束、社会中介组织的评级和公众通过选择或背弃而形成的约束等。本书对银行监管的界定采用狭义的概念，专指监管当局对银行的监督和管理。

3. 差异化监管：差异化概念源自企业的竞争战略理论。差异化战略最初由迈克尔·波特（1980）在企业竞争力理论中提出。所谓差异化战略，是指企业在经营过程中企业提供的产品或服务差异化，树立起一些在全产业范围内具有独特性的东西，形成与竞争对手的差异，以获得市场的经营战略或策略。我们尝试将企业的差异化理论引入监管理论中，对银行业实施差别监管，是银行监管方式和监管手段上的重大突破。差别监管就是根据银行在规模大小、所有制结构、地理位置等方面的不同进行同质性分类，以此为基础，对不同类别银行实行不同的监管政策和监管办法，其符合国际银行监管专业化理念。

---

① 黄达. 金融学［M］. 精编版. 北京：中国人民大学出版社，2004.
② 中国银行业监督管理委员会 2014 年年报，附录 6（主要名词术语解释）。

　　本书差异化监管研究以规模大小作为划分标准（第三章至第六章），在第三章开篇将提供以规模作为划分差异化监管标准的理论依据。不同国家对银行规模划分的界定有所不同，即使是同一国家的不同监管主体对银行规模划分标准也有所不同。本书采用中国银监会对大、中小商业银行的界定，我国大型商业银行包括中国工商银行、中国农业银行、中国银行、中国建设银行和交通银行，中小商业银行包括股份制商业银行、城市商业银行，这种对大、中小商业银行的划分既体现了规模的差异，又包含了所有权结构的不同。

　　此书最终能够完成并得以出版，首先要感谢中央财经大学史建平教授高屋建瓴的指导；感谢首都经济贸易大学金融学院领导和同事的支持；感谢首都经济贸易大学出版社领导和责任编辑的指正。本书是首都经济贸易大学2014年度校级科研基金项目成果、国家自然科学基金项目（71173247）的阶段性研究成果。同时，感谢张超、周琳菱、马婧怡、王宇青同学对本书做出的贡献，并将本书中部分研究作为"大学生科研与创新训练计划项目"的研究课题。鉴于作者水平有限，书中难免存在不足和错误之处，恳望读者提出宝贵意见和建议，以便及时改进。

作者
2015 年 8 月

目　录

第一章　差异化监管的理论基础——效率型监管的必然 ………… 1

　第一节　银行监管目标的演进轨迹 ……………… 3

　第二节　银行监管效率的内涵与判定 ……………… 9

　第三节　差异化监管手段研究的文献综述 ………………… 13

第二章　差异化监管的现实基础——单一监管下的效率损失 19

　第一节　单一监管下的一个简单经济学模型 ……………… 21

　第二节　单一监管下的中国银行业监管效率损失 ……………… 22

第三章　中美不同规模商业银行现行差异化监管实践 ………… 39

　第一节　以规模作为差异化监管划分的原因阐述 ………… 41

　第二节　中美不同规模商业银行的划分标准 ……………… 44

　第三节　美国不同规模商业银行差异化监管政策 ………… 49

　第四节　中国不同规模商业银行差异化监管政策 ………… 84

　第五节　中美不同规模商业银行差异化监管政策对比总结 ………… 105

第四章　中美不同规模商业银行差异化监管效率实证分析 ……… 111

　第一节　监管效率实证分析的理论模型基础 ………… 113

　第二节　中美不同规模商业银行差异化监管效率实证分析 ………… 119

第五章　中国大、中小商业银行差异化监管需求分析 ………… 145

　第一节　市场定位的差异对差异化监管的需求 ………… 147

　第二节　资本状况的差异对差异化监管的需求 ………… 151

　第三节　业务结构及盈利状况的差异对差异化监管的要求 ………… 155

　第四节　分支机构数量及地理分布的差异对差异化监管的要求 ………… 163

第五节　不同类型风险特征的差异对差异化监管的要求 ·············· 173

第六章　中国大、中小商业银行差异化监管政策展望 ············ 185

参考文献 ·· 195

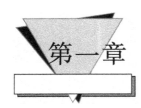

第一章

差异化监管的理论基础
——效率型监管的必然

以本书的三个关键词，银行监管、监管效率、差异化为线索，从这三个方面梳理和概括本书的理论基础和文献综述。一是在总结银行监管目标理论演进的基础上寻找差异化监管的理论根源；二是寻找银行监管效率的内涵以及对监管效率评价的指标体系，作为银行监管实行差异化的现实依据和评价标准；三是综述目前已有的差异化监管手段的研究文献，以此为基础确定本书差异化监管的具体研究内容和创新之处。

第一节　银行监管目标的演进轨迹

下面将从银行监管理论的发展轨迹梳理中，总结监管目标及监管内容的演进，进而在其中寻找银行差异化监管的理论根源。

一、银行监管理论发展轨迹中的监管目标演进

表 1-1 以时间发展为脉络，以不同时间段经济学理论的发展、典型事件为理论发展背景，建立起特定经济发展阶段、经济学理论和银行监管理论之间的相关性。根据特定的经济学背景及具体的监管内容，将银行监管理论大体分为三个阶段：20 世纪 30 年代以前的"自律型监管理论"、20 世纪 30 年代至 70 年代的"管制型监管理论"、20 世纪 70 代以后"效率型监管理论"，不同的监管理论主导下银行监管的目标也随之不断演进。而在后文的分析中可见，银行的差异化监管是"效率型监管理论"的有益补充。

（一）20 世纪 30 年代以前的"自律型监管理论"

受当时"看不见的手"主流经济学思潮的影响，商业银行实行一种自由的银行经营制度。在国家金融监管部门建立以前，以商业银行为主体的金融机构在机构成立、业务经营、市场竞争方面完全由投资者自主决定，金融机构发展没有任何外在的约束，完全依靠内部自律和市场竞争维持金融机构和金融市场的运行。政府只充当"守夜人"的角色，只维持最低限度的管理以保证完全竞争的秩序。同时政府也开始在一定程度上发挥"最后贷款人"的作用，以在危机时能提供弹性的货币供给，保证金融体系的安全。期间的主要理论有古典经济学代表人亚当·斯密提出的"真实票据"理论；支持真实票据理论的银行学派和支持亨利·桑顿理论的通货学派之间关于银行能否自我实现良好的货币供应的争论；以"最后贷款人理论"为基础的中央银行的

表 1-1　银行监管理论发展脉络总结

	自律型管制阶段			管制型监管阶段		效率型监管阶段	
时间	17世纪	18世纪	19世纪中	20世纪30年代	20世纪70年代	20世纪90年代	21世纪以来
经济学理论背景	"看不见的手"(自由)，新古典经济学（自由）			凯恩斯主义	新自由主义思潮	多种思潮的融合	
大事件	南海泡沫，密西西比泡沫		中央银行建立	大危机，大萧条	滞胀	金融全球化，金融创新	
主要风险	铸币不足值	银行挤提等银行危机		全面多重风险	拉美货币危机	东南亚危机	次贷危机
金融监管理论	真实票据理论　金本位论战理论	银行学派　通货学派	最后贷款人理论	公共利益说	金融抑制和金融深化理论　管制成本说　管制失灵论　生产者利益论	监管工具有效性论　金融监管激励理论　政府掠夺论　金融监管权衡论	国际金融监管协调理论　金融监管与金融创新理论　差异化监管
监管目标	稳定经济的"守夜人"，货币足值，防止挤提			安全性优先	自由化的效率监管	安全性的效率监管	全面的效率监管

注：根据相关文献整理得到。

建立标志着真正现代意义上的金融监管的开始。总的来看，20世纪30年代以前的银行监管主要目标为币值稳定和防止银行挤提。

（二）20世纪30年代至70年代的"管制型监管理论"

20世纪30年代大危机的爆发彻底改变了主流经济学的金融监管理论，这场危机成为促成较为完整的现代金融体系建立和发展的最主要和最直接因素。在凯恩斯宏观经济理论影响下，传统的中央银行货币管制已经转化为服务于宏观经济调控目标的货币政策，对金融机构行为的干预也成为这一时期的主要内容，其核心的思想是政府必须对金融业决心干预，金融业必须受到严格的监管，必须保证金融业的安全。此外，现代经济学的发展，尤其是"公共利益理论"和"信息经济学"的发展为金融监管奠定了理论基础，金融市场的失灵导致政府有必要对金融机构和市场体系进行外部监管。这一时期的金融监管理论中，公共利益论占据了重要地位，以维护金融体系安全、弥补金融市场的不完全为研究内容，认为银行监管主要目标应是保护公共利益和维护银行体系的安全与稳定。

（三）20世纪70代以后的"效率型监管理论"

20世纪70年代以来，一系列的危机使得全球经济于80年代初步入衰退，困扰发达国家长达十年之久的"滞胀"宣告了凯恩斯主义宏观经济政策的破产，以新古典宏观经济学和货币主义、供给学派为代表的自由主义理论和思想开始复兴。金融创新风起云涌，金融自由化理论逐渐发展起来并在学术理论界和实际金融部门不断扩大其影响，金融监管理论再次发生了重大的转折。自此，银行监管理论已不再单纯就"是否需要监管"展开争论，而是探讨如何采用效率型的监管制度及具体监管手段，一方面减少监管的直接成本及间接负面影响，另一方面在银行体系稳定性和市场化高效发展之间做出权衡，即考虑"监管的效率"问题。但是由于不同历史阶段经济学理论和具体事件背景的不同，各个阶段效率型监管目标的侧重点有所不同。具体而言：

20世纪70年代新自由主义浪潮下，监管内容和目标强调监管高效在于遵循自由化理念，在适应金融自由化的环境条件下，放松管制，尊重银行个体盈利性和金融体系效率，配合市场力量，实现金融体系高效平稳运行。主要理论包括Mckinnon、Shaw（1973）金融抑制论和金融深化论，认为金融抑制是阻碍发展中国家金融经济发展的主要原因；Olson（1965），Thlloek（1967）等管制成本论和管制失灵论；Stigler（1971），Posner（1974），Peltzman

（1976）的生产者利益论，批判公共利益理论，指出监管只是特殊利益集团用以抬高价格或干预市场以追逐自身利益的工具，与全社会福利最大化无关。

可以说，20 世纪 90 年代以前，金融监管的理论和实践一直在经历一种类经济周期的循环，遵循了一条危机导向的路线，即"放松监管—危机—加强监管—金融创新—放松监管—危机—再加强监管"，危机的不断爆发和对危机认识的不断深化，推动了金融监管理论的演化和变迁。20 世纪 90 年代以后，金融监管努力摆脱危机导向的轨道，逐渐提高先验性、事前性和灵活性。金融监管理论的研究更多地从金融的本质属性和金融体系运行的特殊性着手，不单从外部力量介入的角度来考虑有效的金融监管策略，更注重从金融机构、金融体系内部的激励相容、监管工具有效性、监管的权衡等方面来探索如何建立效率型的银行监管制度安排，在防范和化解金融风险的同时实现银行业的高效运行。如，Laffont、Jean Tirole（1993）将激励问题引入金融监管分析中，将监管问题当作一个最优机制设计，在监管者和被监管者的信息结构、约束条件和可行工具前提下，分析双方的行为和最优权衡，形成了金融监管的激励理论；1997 年巴塞尔协议委员会颁布《有效银行监管的核心原则》，第一次以国际性监管文件的形式将监管有效性作为银行监管的通行标准，为评价银行监管体系的有效性提供了评判准绳；此外，90 年代一系列国际区域性金融危机的爆发，迫使效率型监管的内容转向侧重于银行体系的稳定与安全。

21 世纪以来，金融监管理论充分考虑经济金融全球化的背景及其影响，效率型监管的内容和目标更加全面，在高效性、稳定性、公平性三个方面均有所体现。具体而言，在减小监管成本促进监管高效水平上，经济金融全球化首先要求金融监管理论和实践研究与应对金融监管的国际化和国际合作问题，从实践上看，最近十几年来国际清算银行巴塞尔委员会关于国际银行监管的一系列"巴塞尔协议"在金融监管的国际化和国际合作方面已经做了大量的尝试和努力，且效果逐渐得到优化；而次贷危机的爆发重新引起人们对金融监管和金融创新关系的认识，通过修订资本充足率规定、宏观审慎监管的提出、市场交易产品种类及数量的限制以及流动性的相关规定，加强了对"安全、稳定"这一监管目标的重视；同时，多国加强了对消费者等弱势群体合法权益的保护，如美国多德弗兰克法案（Dodd – Frank Act，2010）规定"设立新的消费者金融保护局，赋予其超越目前监管机构的权力，全面保护消费者合法权益"，这是效率型监管注重公平性目标的体现。

从银行监管理论发展脉络来看，20 世纪 70 年代之前，银行监管理论主要处于对"是否需要监管"的争论之中；20 世纪 70 年代之后，以提高"监管效率（如何使监管更加有效）"为目标的效率型监管理论成为主流，即探讨如何采用效率型的监管制度及具体监管手段，一方面减少监管的直接成本及间接负面影响，另一方面在银行体系稳定性、市场化高效发展、金融服务公平性之间做出权衡。由于不同历史阶段经济学理论和具体事件背景的不同，评判监管效率所设立的监管目标侧重点有所不同，上文关于效率型监管实践研究中具体监管目标的概括为本章第二节银行监管效率评判体系的确立提供了依据。

二、差异化监管是效率型监管理论的补充

当前监管理论必须面对的一个问题是，如何解决金融监管国际合作下统一监管标准和方法与各国金融多样性之间的矛盾，以及同一国家内相同的监管要求与不同类型银行发展状况差异的矛盾。即在世界各国金融体系和金融机构发展程度差异很大的情况下，各国金融监管的制度环境和初始条件的不同排斥趋同的金融监管；即使同一国家内，不同类型银行因自身及发展环境不同也产生了不同的监管要求。因此，"差异化"将成为今后金融监管理论所面对的重要课题之一。

从上述银行监管理论中"效率型监管理论"的实质和内容来看，源于提高效率的"差异化"理念恰延续了当前主流监管理论的发展脉络，在促进监管机构效率提高的同时，更重要的是，带有差异化理念的监管政策可促进银行业差异化经营的开展。下文将从监管者的监管和银行业的经营两个角度分析差异化监管的优势所在。

（一）差异化是监管效率提高的需求

差异化概念源自企业的竞争战略理论。差异化战略最初由迈克尔·波特（1980）在企业竞争力理论中提出。所谓差异化战略，是指企业在经营过程中企业提供的产品或服务差异化，树立起一些在全产业范围内具有独特性的东西，形成与竞争对手的差异，以获得市场的经营战略或策略。如果差异化战略可以实现，它就成为在产业中赢得超常收益的可行战略。波特用新古典经济学垄断竞争的分析方法分析了差异化战略如何使得企业得到超额收益以及

建立防御地位。

我们尝试将企业的差异化理论引入监管理论中，试想如果将监管机构视为一个企业，监管机构的监管政策视为监管者推出的各种产品，那么针对不同客户（监管对象，如不同规模银行）的产品的差异化（监管政策的差异化）可以更好地满足客户的需求，在满足各类客户（不同规模银行）需求的基础上才能实现"超额收益"（银行业高效发展），实现监管效率的最大化。从这个意义上来讲，差异化监管理论的提出是对"效率型监管"阶段理论的补充，符合银行监管理论的发展脉络。

（二）差异化监管是银行业差异化经营的需要

企业差异化理论在银行经营中也得到了广泛的研究和讨论。美国服务市场营销学专家格鲁诺斯（Christian Cronroos）于 1984 年分析了银行的差异化战略；巴曙松（2005）指出，目前商业银行的竞争已经从原来的规模竞争开始向创新竞争转化，而且差异化越来越明显；傅建华（2005）指出，我国的市场已开始走向差异化，消费者的偏好和选择也日趋多样化，金融深化程度的不断提高使得消费者对金融服务的需求也呈现出多层次的状态。市场差异化程度的加深，为中小商业银行提供了广阔的发展空间，也要求中小商业银行深化市场定位，通过追求经营特色，赢得竞争优势；单建保（2001）认为，中小股份制银行的生存与发展主要取决于创新能力。一方面是经营管理的创新，另一方面是产品的创新。在未来十年里，创新决定着银行的发展趋势，生死存亡。一个银行只有具备足够的创新能力，才能在激烈的竞争中获得一席之地，才会有生存发展的空间。

差异化发展是不同类型银行充分发挥自身比较优势、吸引和建立特定的目标客户群体，争取利润最大化的战略选择。作为银行业发展的监督服务机构，监管者必须根据不同银行发展状况和特征的不同采用差异化的监管政策，积极推动大、中小银行走出符合自身发展规律和优势的差异化路线，促进整个银行业的健康合理发展。

综合上述两个方面，从监管者自身效率和银行业发展趋势看，差异化监管既是监管机构倡导效率型监管的一个渠道，也是促进银行业差异化经营、提高整个银行业效率的必然途径。

第二节　银行监管效率的内涵与判定

一、银行监管效率的内涵

在 1997 年巴塞尔银行监管委员会颁布的《有效银行监管的核心原则》中，监管效率所指的有效性含义对应 effective，在所追求效果相同的情况下，成本越小的银行监管方案越是优选。换言之，有效性是指一定成本下的目标实现程度，基本判断标准是监管效果是否能获得尽可能大的经济和社会效益。国内于 2004 年 2 月 1 日起实施的《中华人民共和国银行业监督管理法》（简称《银监法》）对此作了明确规定。银行业监管机构遵循效率原则的基本要求有二：一是监管者要用负担最小的方式达到监管目标，最大限度地降低监管成本；二是银行监管不是压制竞争，而是要为银行业金融机构创造公平竞争的外部环境，提高银行业整体效率，促进银行业在稳定安全基础上的高效发展。

在国内外学术研究领域，学者们对监管效率的界定有所不同。从国外学者的研究来看，20 世纪 60 年代美国芝加哥大学 Stigler 提出了最优监管规则理论，他认为一个国家不能没有监管，但是监管也不能过度，然而怎么样的监管适度却很难界定；Robert C. Merton（1993）提出了功能性监管这一概念，金融监管最重要的目标应是保证金融因素在经济发展中起到良好稳定持续的促进作用和最优化地实现资源的跨地域和时间配置。从国内学者的研究来看，阎庆民（2002）认为银行监管效率包含两个方面的内容：狭义的监管效率是指监管机构在发现有问题的银行和处理这些有问题银行方面的工作效率；广义的监管效率是指保持金融的稳定，促进经济发展，银行监管效率最后体现在一个国家的经济发展速度上。刘有鹏、宴宗新和周闽军（2005）则提出了不同的意见，他们认为可以选择两个角度来判断银行业监管效率，一是理论上管制与竞争（无管制条件）相比时的效果；二是用中国管制与外国管制的效果来说明中国银行管制的效率。

二、银行监管效率的判定

在上一节的理论梳理中，效率型监管理论对监管效率的评判在不同的经济学背景和不同的社会环境下有所不同；在学术研究中，部分学者寻找和建立一个指标体系把监管最终目标具体化，用银行监管具体目标的实现程度来衡量银行监管效率。刘宇飞（1999）提出，"在公共品生产问题上，难以评估公共品的收益是它有别于私人品的基本特点之一。一种替代的决策思路是进行成本有效性分析，这是指在无法确定某公共项目具体收益的大小时，可以用目标的完成程度取而代之，并计算它与付出的成本之间的比例"。

专题1 国内外学者对"银行监管效率"判定的研究

国外学者对银行监管效果的实证研究中，影响较大的是以 James R. Barth、Jerry Caprio 和 Ross Levine 为代表的研究小组，1999 年和 2003 年对世界各国银行监管的状况进行了两次大规模的调查，以这些数据为基础对于何种监管措施、安排或方式能够发挥最好的作用进行了一系列研究，在这些研究中，他们主要从银行业发展、银行业绩效、银行业稳定等方面考察银行监管的作用效果，例如，在银行发展方面选取了存款货币银行对私人部门贷款占 GDP 的比率作为代表指标；在银行效率方面选取了净利息收入与总资产之比、管理费用与总资产之比、不良贷款与总资产之比、税前利润与总资产之比；在银行稳定方面选取了银行危机这一指标。

国内学者对银行监管效率指标体系的研究中，宓丹（2005）提出银行监管目标体系论，指出银行监管的目标由终极目标、中间目标和具体目标组成，特别强调银行监管的根本目的是提高银行配置资金和转移资源的效率；评价监管有效性可以采用三个层次的标准：稳定性、效率性和公平性。陈菲、姜旭朝（2009）提出了以既定银行目标实现程度为银行监管效率的定义，构建了我国银行监管效率评价模型，通过选取 1998—2007 年的银行业数据，采用专家评分和因子分析法分析检验了银行监管效率水平的变化趋势。刘敏、杨盛兰（2010）通过概括性综述银行监管有效性原理，从成本收益的角度构建监管有效性的指标评价体系，并运用该指标体系对我国 2003—2007 年银行监管有效性进行评价。

基于对银行监管理论中监管目标的梳理，并借鉴国内外研究学者对银行监管效率目标层次的分析，本书将从四个层次，即稳定性、盈利性、公平性和发展性衡量银行监管的效率状况。具体而言，稳定性是指保护存款人利益和维护银行体系的稳定、避免系统性危机的发生；稳定是基础，但面对日益激烈的国际竞争，具备较高的经营利润是银行业长期稳定的保证；在稳定和盈利的基础上，银行监管有效性还应该体现公平性的目标，公平性目标不仅表现在确保银行业平等的法律地位，使其在公平竞争情况下实现效率，还体现在要保护各种消费者的利益，使其获取金融服务的机会均等；发展性目标指标，主要考虑银行业对经济发展的促进作用。

以监管效率目标四个层次，即稳定性、盈利性、公平性和发展性为基础，在大量文献阅读的基础上，本书将部分学者在银行监管效率研究中所使用的衡量指标进行归纳，以此作为下文实证分析的变量选取参考（如表1-2）。

表1-2 银行监管效率评价体系指标概括

监管层次	监管内容	具体指标及已有研究
稳定性	银行安全性	资本充足率（Taekyu Lee, 2002）
		不良贷款比例（Fulbert Tchana, 2008；James R. Barth, Gerard Caprio Jr., Ross Levine, 2003；Berger, 1995；Shrieves, Dahl, 1992）
		银行贷款损失（Reed, Randy Marl, 1998）
		风险权重资产与总资产的比例（Tchana, Fulbert, 2008；Berger, 1995；Shrieves, Dahl, 1992）
		使用外部评级数据（Demirgüç-Kunt, Detragiache, 2002）
		银行危机指数（表后做详细说明）
		是否在某一特定时间内遭受了银行危机（或次数）（Capriod, Klingebiel, 1999）
	银行流动性	流动性储备与总资产的比例（Mohammed Ershad Hussain, 2007）
		存款与贷款的比例
盈利性	常见盈利性指标	资产收益率（ROA）；资本收益率（ROE）（James R. Barth, Gerard Caprio Jr., Ross Levine, 2003）
		每股收益及预计每股收益增长（Taekyu Lee, 2002）
		总成本与总资产的比例（James R. Barth, Gerard Caprio Jr., Ross Levine, 2003）
	银行业务多样性	银行业务多样化程度（Taekyu Lee, 2002） $\text{Herfindahl Index} = \sum_{t=1}^{n} w_t^2$ 其中，n 是银行所具有的资产种类的数量，w 是资产 t 在整个资产中的占比

续表

监管层次	监管内容	具体指标及已有研究
公平性	充分竞争性 （集中度）	前五大银行存款或资产所占比例；国有股权资产数量占总资产数量的比（James R. Barth, Gerard Caprio Jr., Ross Levine, 2003）
		HHI 指数：Herfindahl Index $= \sum_{t=1}^{n} w_t^2$ 其中，n 是银行数量，w 是银行 t 市场份额权重
	金融服务 机会均等	城乡信贷服务扭曲度：不同地区的贷款份额与经济增长贡献率之比
		企业信贷服务扭曲度：不同企业的贷款份额与工业生产总值份额之比
发展性	银行业对 经济的贡献	银行业产值与 GDP 的比例
		在银行发展方面选取了存款货币银行对私人部门贷款占 GDP 的比率作为代表指标（James R. Barth, Gerard Caprio Jr., Ross Levine, 2003）

其中，表示银行安全性的"银行危机指数"具体而言：Hawkins、Klau（2000），Kibritcioglu（2003），Von - Hagen、Ho（2007）的文章建立了银行系统脆弱性指数，利用指数去判定银行危机。这一方法的目的是建立指数反映银行体系的敏感性和脆弱性。其中 Kibritciogul（2003）银行体系脆弱性指数（BSFI）如下：

假设所有的银行面临着三种主要的经济和金融风险：流动性风险、信用风险和汇率风险，BSFI 将银行总存款 $LDEP_t$ 的增长代表流动性风险程度，银行国内私人部门授信量 $LCPS_t$ 增长代表信用风险，外汇负债 LFL_t 增长代表汇率风险，则 BSFI 被表示为：

$$BSFI_t = \frac{NDEP_t + NCPS_t + NFL_t}{3}$$

其中：
$$NDEP_t = \frac{DEP_t - \mu_{dep}}{\sigma_{dep}} \qquad DEP_t = \frac{LDEP_t - LDEP_{t-1}}{LDEP_{t-1}}$$

$$NCPS_t = \frac{CPS_t - \mu_{cps}}{\sigma_{eps}} \qquad CPS_t = \frac{LCPS_t - LCPS_{t-1}}{LCPS_{t-1}}$$

$$NFL_t = \frac{FL_t - \mu_{fl}}{\sigma_{fl}} \qquad FL_t = \frac{LFL_t - LFL_{t-1}}{LFL_{t-1}}$$

$\mu(,)$ 和 $\sigma(,)$ 分别代表这三个变量的均值和标准差。

第三节 差异化监管手段研究的文献综述

在 James R. Barth，Gerard Caprio Jr.，Ross Levine（2001—2008）多年的银行监管研究中，其利用了 107 个国家的银行监督管理的数据，评估了特定的监管规章和监管实践与银行的发展、效率、脆弱性的关系，其研究的监管手段包括：资本充足率的监管；国内外银行的准入监管；对银行业务活动、银行与商业的混合的监管限制；存款保险系统设置的特点；贷款分类严格性、条款标准、多方面的纲要；监管促进对信息的披露和私人监督；政府的所有权。但是遗憾的是 James R. Barth 等人虽然详细分析了各监管手段与银行发展的关系，并没有区别分析各监管手段在不同类型银行间的影响的差异。尽管如此，仍可从 James R. Barth 等人（2001—2008）多篇文章实证检验所涵盖的监管手段中得到启示，下文以巴塞尔协议三大支柱中提及的具体监管手段为研究对象，在总结某一监管手段研究现状的基础上，综述学者对于这个监管手段在不同类型银行监管差异性上的讨论。鉴于本书研究的核心问题是中国大、中小商业银行（"大"指五家大型银行，"中小"指股份制商业银行和城市商业银行）差异化经营需求下的差异化监管，此处差异化监管研究的文献综述以银行规模大小作为差异化的划分标准。

一、差异化资本监管的讨论

概括而言，学者们的讨论多数集中于以银行业整体为对象，研究资本充足率对银行业整体经营状况、风险大小的影响。而在大量的关于资本充足性的学术研究中，缺乏对不同规模银行资本监管差异化的研究。

在关于不同类型银行差异化资本监管规定的讨论中，巴塞尔协议（Basel II, 2004）将向销售收入不小于 5 000 万欧元的中小企业发放的超过 100 万欧元的贷款被银行列入公司类资产的等级；而小于 100 万欧元的贷款被视为零售资产，对零售类资产的资本要求要小于公司类资产，巴塞尔协议考虑到在资本的要求上对公司类和零售类的区别对待，以减小中小企业贷款的资本要求。Bertrand Rime（2001）对瑞士 4 家大银行、25 家州立银行和 125 家区域银行 1989—1995 年的数据进行回归分析，回归结果表明中小银行风险变化和资本与总资产比例的变化存在正的显著关系，但其风险变化和资本与风险加权资产的比例变化的关系并不显著。周光宇、甘为民、张先兵（2009）在探讨中小银行资本监管存在的问题及巴塞尔新资本协议中对中小银行的适用性问题的基础上，研究了我国中小银行资本监管的现状及存在的问题，提出了事前监管与事后监管相结合、资本监管和风险监管相结合、资本监管和战略定位相结合、改善资本结构和提高资本效率相结合的政策建议。左和平、朱怀镇（2009）分析了中日银行在资本监管要求上的差异，指出资本充足率要求的区别设置，不能要求所有银行都严格实施新资本协议的第一支柱要求。对于为数众多的中小银行来说，宜采取与其业务规模和复杂程度相适应的资本监管制度。

部分学者专门针对中小银行的研究，仍延续了资本充足率与银行经营状况、风险大小关系的讨论。朱建武（2005，2006）选择了招商银行等8家中小银行经营数据作为样本，利用两段最小二乘法（TSLS）回归估计。得出的结果显示，监管压力对我国中小银行的资本充足率调整和资产风险调整没有产生正向的影响，而且资本充足率和风险调整存在内生的稳定趋势，但这种稳定并非符合资本要求和银行风险控制要求。王浩志（2010）研究表明，中小银行的经营绩效和资本充足率是负相关的，即资本充足率提高后，会给银行的净资本收益率带来负向冲击。这是由于资本监管要求的资本充足率挤占了银行可以用来盈利的风险资产的份额，制约了银行信贷规模的扩张，拉低了银行整体的盈利指标。

从上述综述可见，在众多的关于资本充足率的研究中，关注不同规模银行资本监管差异化的研究较少，且多集中于对资本充足率与银行经营状况和风险大小的讨论，缺乏对大、中小银行各自特征下资本充足率适度规模、资本构成等方面资本监管差异化的讨论。虽然部分学者（如周光宇、甘为民、张先兵，2009；左和平、朱怀镇，2009）已意识到并且提出资本充足率的区别设置问题，但并未给出具体的区别设置的方案；巴塞尔协议第二版中虽然通过公司类贷款和零售贷款的区别，以减少部分中小企业贷款的资本要求，但这一区别对待是从贷款属性的角度出发，而未从不同银行的角度进行区别对待。

监管当局强化资本充足性管理的目的，是使商业银行从缺乏资本制约的非理性发展转向严格资本制约的理性经营，但内生性的大、中小银行资本和风险调整行为有着自己的规律，强化大、中小银行的资本约束需要从大、中小银行自身经营特征入手进行更深入探讨，如何采用差异化的资本充足率和资本管理政策仍需要进一步研究。

二、差异化银行准入监管的讨论

美国银行业的实践证明，过低的进入门槛会给银行业带来危机。美国1864年《国民银行法》（The National Banking Act）使北部各州较大的银行从州注册转为联邦注册。由于联邦政府和州政府都想在自己权限内注册的银行数量超过对方，所以纷纷减少准入限制，降低进入门槛，导致美国银行业过度扩张，最终使得银行业一片混乱，金融危机频繁爆发。因此，对于银行准入政策的讨论多集中于准入政策的管制程度与银行体系稳定性的关系。同于此，对不同规模银行市场准入及退出的研究也多集中于放松和加强管制与银行体系稳定性和银行经营业绩的关系。

多数学者对于中小银行准入的放松持保守态度。从流动性危机处理的角度看，Saez、Shi（2004）提出不完全竞争模型，指出参与竞争的中小银行数量增加会提高处理流动性危机的难度，从而令银行系统更加不稳定。他们认为，如果银行数量有限，可能有银行会从战略上考虑为最初发生问题的银行提供流动性。但当银行数量增多时，协调问题会逐渐严重。特别是信息不对称情况下，合作均衡很难保持。因此，不完全竞争的银行间市场可能比完全竞争时更加稳定。Cerasi（2000）通过实证研究发现，放松市场准入限制，提高竞争程度在短时间会导致大量盈利能力很差的中小银行出现，但从长期看来，优胜劣汰的作用则会导致银行业集中程度的提高。Tara Rice，Philip E. Strahan（2010）分析了自美国《跨州设立银行法案》（Interstate Banking and Branching Efficiency Act of 1994）颁布以来，中小企业银行的跨州扩张给中小企业贷款带来的变化。研究发现，在一个对分支机构放开比较宽泛的州，小企业贷款利率约比不开放的州利率低80到100个基点。但是，尽管竞争降低了贷款成本，小企业拓宽融资的能力仍然被束缚着。分支机构扩张放松后，大企业信用供给增多了，但小企业信贷量没有明显变化。对于中小银行的跨区经营，王浩志（2010）发现中小银行的经营绩效和经营区域变量（Loc）是负相关的，这说明当中小银行成为全国性银行后，其ROE会受到负向冲击。这是由于中小银行在本地区时，会得到当地政府和监管机构的一定的扶持和保护政策，业务开展较为顺利，成本较低，赢利能力较强。但发展成为全国性银行后，地区间的经济发展极不平衡，各地对金融行业的政策也不尽相同，面对的进入壁垒和成本更高，因此拉低了整体的利润指标。

对于中国中小银行的准入和退出政策的讨论，谢晶晶、任晓辉、尹伊（2007）指出我国中小银行在银行机构密度、信贷服务机构的人口覆盖率和企业覆盖率都低于国际平均水平。中小银行数量偏少与我国对其采取严格准入审批制度不无关系，对机构准入除了大银行的一般标准外，还有一些特殊的审批条件，例如对注册资本、股权结构的要求。张波（2009）强调金融主管当局应该加强中小银行在市场准入和市场退出等方面的制度建设。在市场准入上包括对中小银行设立的可行性审查、对中小银行最低资本额的审查、对中小银行中高层管理人员任职资格的审查、对中小银行所有权结构的审查；在市场退出上包括要健全我国问题银行退出的法律制度、建立存款保险制度、完善问题银行的并购市场。黄复兴（2009）指出不同资产规模和风险等级的银行宜采用不同的退出途径，而对问题小银行、微小银行或者农村信用社的退出应采用迅速转让、出售的方法，以减少损失、简化过程，而且对公众的生产生活影响较小。

由上述文献总结可见，对不同规模银行准入及退出制度的研究并没有从大、中小银行自身特性的差异上入手研究有效的差异化准入、退出政策，而是均延续了对"银行准入与银行体系稳定性、经营绩效的关系"的宏观整体性研究。虽然谢晶晶、任晓辉、尹伊（2007）指出了我国当前中小银行准入与大银行相比的歧视性条件，但并没有针对解决当前歧视性准入条件给出建设性的意见；而张波（2008），黄复兴（2009）提出了针对中小银行准入和退出规定的建议，但建议的给出缺乏充分的理论和事实依据为基础，缺乏可信性和适用性。对不同规模银行有效的差异化监管政策的提出仍需要在充分分析当前大、中小银行歧视性政策的基础上，以大、中小银行自身面临的环境及发展特性为出发点，深入研究满足两者未来发展需求的差异化的准入、退出政策。

在巴塞尔协议第二版（Basel Ⅱ）三大支柱所涵盖的主要监管手段中，除了资本充足率、银行准入及退出规定外，另外一个重要的监管手段是私人（市场）对银行的监管，关于这一监管手段，James R. Barth, Gerard Caprio Jr., Ross Levine（2001，2003，2008）及众多学者也对其进行了多方面深入讨论，但遗憾的是，并没有获得有关大、中小银行不同私人（市场）监管政策讨论的文献，这也是大、中小银行差异化监管研究内容乃至中小银行监管研究领域的一个不足之处。

纵观上述内容，本书将"差异化理论"引入监管研究中，以探求与不同类型商业银行发展特殊性相适应的监管政策，为银行业差异化发展提供良性的外部政策环境。从银行监管目标演进历史来看，源于提高效率的"差异化"理念符合"效率型监管理论"的实质和目标，是效率型监管理论的延续和有益补充；从具体微观监管手段的研究来看，明确以差异化为视角的监管学术研究较少，尤其缺乏基于监管效率视角对当前已有差异化监管政策的梳理及评价，而且，对于不同规模银行的监管手段的讨论多延续了以往对于银行业整体监管手段的讨论方式，没有在不同类型银行深入对比分析中挖掘各自的特征，并根据自身的发展特征提出所需要的差异化的监管政策。从当前中国大、中小商业银行差异化发展现状及已有监管政策的效果出发，基于监管效率视角归纳和检验当前差异化政策的有效性，以不同类型商业银行各自特色化发展需求为出发点的差异化监管研究仍有待进一步深入，切实可行的差异化监管政策的推出，仍有待学术层面对差异化监管的深入研究予以支持。

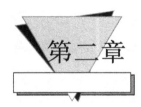

第二章

差异化监管的现实基础
——单一监管下的效率损失

本章采用理论与实践相结合的方式分析单一监管下的银行业效率损失，反向论证差异化监管的必要性，目前一些单一监管政策下的监管效率损失为差异化监管提供了现实基础。首先，利用一个简单的经济学模型阐述单一监管政策对不同规模银行经营行为乃至经营绩效的影响；再者，以我国当前银行业实际效率状况为实例，分别从稳定性、盈利性、公平性和发展性四个监管目标层次（上章对"监管效率"衡量指标的设定），采用典型代表性的指标数据，分析在一些单一的监管政策下我国银行业监管效率状况。

第一节　单一监管下的一个简单经济学模型

商业银行业具有一个金融企业利润最大化的价值取向；监管部门则以金融安全为目标，以巴塞尔协议为基准，通过一系列监管政策规范商业银行的经营行为。但值得思考的是，在一些统一的监管准则下，银行为获得自身利润最大化可能会采取怎样的经营行为，不同规模的商业银行是否会违背自身的相对优势为追逐利润形成一种趋同现象，进而削弱对既定客户群体的扶持（如中小企业），最终带来监管效率的损失？下面利用一个简单的经济学模型对该问题进行深入讨论。

为建立一个简单的银行收益函数模型，提出如下假设：

1. C 为银行的自有资本，D 为吸收存款量，i 为存款利率，投资比例为 α（$0 < \alpha < 1$），即银行用于投资的资金 α（$C + D$）。

2. 银行投资成功概率为 p，成功时投资收益为 y（p）（假设投资收益 y 是概率 p 的函数）；投资失败的概率为 $1 - p$，失败时投资收益为 0。

3. 在此简单模型中，监管政策的选取以"资本充足率要求"为例，以此为监管手段的代表阐述单一监管的效率状况。假设监管部门对商业银行资本充足率的要求 $C/$（$C + D$）$\geq K$，即 K 最低资本充足率要求。

由上述假设可以得出，银行预期收益为 $p * y$（p），在投资收益是成功概率 p 的函数的假设下，银行预期收益 $p * y$（p）与成功概率 p 的关系可以由图 2 - 1 表示，即预期收益 $p * y$（p）是成功概率 p 的二次函数，具体可表示为 Y（p）$= p * y$（p）$= -mp^2 + np$，其中 m 和 n 是大于零的外生变量。

令商业银行最终利润函数为：
$$R = p\left[\alpha\left(C + D\right) * y\left(p\right) - \left(1 + i\right)D\right] - C$$

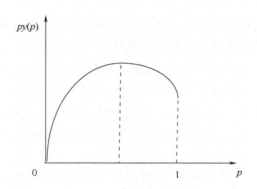

图 2 -1　银行预期收益与风险水平的关系示意图

利用利润最大化的一阶条件 $\partial R / \partial P$ 找到 Max（R）中的 p^*，计算得到：

$$p^* = \frac{n}{2m} - \frac{(1+i)D}{2m(C+D)} \qquad (2-1)$$

由于银行必须满足 $C/（C+D）\geqslant K$ 的监管条件，所以假设银行刚好满足 $C/（C+D）=K$，则 $D/（C+D）=1-k$，将其带入式 2 -1 可以得到：

$$p^{**} = \frac{n}{2m} - \frac{(1+i)}{2m} + \frac{(1+i)}{2m}K \qquad (2-2)$$

由式 2 -2 可见，p^{**} 与 m，n，i，K 相关，m，n 为定值，i 在我国利率市场化程度不高的情况下各银行的差异可以忽略。在 m，n，i 均为既定的情况下，若各银行资本充足率的要求值 K 相同，则不同规模银行所面对的 p^{**} 相同，这就会导致银行选择投资项目的趋同性，即在最低资本充足率要求相同和银行追逐自身利润最大化的共同作用下，所有的银行都会选择成功概率 p^{**} 附近的项目进行投资。

换言之，将此模型中的资本监管扩展为一般性的监管手段，在无差异的监管政策下，大型银行与中小银行之间会对类似的业务和客户资源产生兴趣。这一方面会带来银行业的同质性下产品服务类型匮乏的低效经营，另一方面会直接导致以中小企业为典型代表的弱势客户群体获得金融服务的非公平性。

第二节　单一监管下的中国银行业监管效率损失

以我国当前银行业实际效率状况为实例，分别从稳定性、盈利性、公平性和发展性四个监管目标层次（上章对"监管效率"衡量指标的设定），采用典型代表性的指标数据，分析在一些单一的监管政策下我国银行业监管效率状况。

在具体判断以前，首先分阶段简要回顾中国银行监管的历史沿革。

第一阶段：1948—1978 年。1948 年 12 月，中国人民银行成立。在建国初期和计划经济时期，人民银行作为金融主管机构，对各银行都进行了不同程度的管理，但是由于推行高度集中的资金管理体制，人民银行按照行政命令执行信贷计划，算不上真正意义的银行监管。

第二阶段：1978—1993 年。1978 年 12 月党的十一届三中全会召开，中国开始逐步向市场经济过渡，金融体制改革也进入新的阶段。1983 年中国人民银行专门行使中央银行职能，并履行一些监管职能，1986 年国务院颁布《中华人民共和国银行管理暂行条例》，使银行监管朝着依法管理的方向迈进了一步。但 80 年代银行监管所要达到的目标、采用的手段和检查的内容，只能满足传统计划体制的要求，银行监管没有完全进入法制化、规范化的轨道。

第三阶段：1993 年至今。对银行监管的重视起自 1993 年，国务院决定取消人民银行省级及省级以下分支行的再贷款权和信贷规模调剂权，集中了基础货币吞吐权，人民银行分支行不再利用手中的资金权威慑金融机构，而是通过法律、法规、条例规范金融机构的行为。1995 年通过的一系列金融法规把金融监管明确列为中央银行的职责。2003 年授权中国银行业监督管理委员会履行原有中国人民银行履行的银行监督管理职责。

总体来看，第一阶段和第二阶段的银行监管以行政手段为主，具有不规范、非市场化的特征；在第三阶段中国的银行监管才逐步进入法制化、规范化的阶段，所以，从时序上来看，各项指标的考察主要集中在 20 世纪 90 年代以后。

由于统计数据的缺乏、统计口径的变化、指标的可比性等多方面原因，在具体衡量时在某些类别指标中只能选取部分指标作为代表；部分有代表性但无法收集的数据，本书采用典型案例、估算等替代方式加以分析。

一、稳定性指标分析

（一）资本充足率指标

由于商业银行整体资本充足率时间数据的缺乏，下面通过两组数据对我国银行业资本充足率状况做代表性说明。第一组数据是 2006 年之前（四大国有银行股份制改造完成前）用大型国有控股银行的数据代表国内银行资本充足率的整体情况；第二组数据描述了自 2007 年开始，国内商业银行业整体资本充足率水平。

1. 第一组数据：2006 年之前，以四家国有控股商业银行数据为例

表 2－1 提供了 1995—2003 年按照我国 1996 年计算方法测算的国有控股商业银行资本充足率变化情况，2003 年以前四大国有控股商业银行资本金不足状况较为严重，中国银行业整体上没有达到巴塞尔协议 8% 的资本充足率要求，按照我国 2004 年的计算方法测算，2003 年年底为 7.62%；2004 年以后，伴随着资本监管的强化，发行次级债和可转债、注资、股改、加大利润留成等一系列补充资本金的措施使上述状况明显改善。从 2003 年开始，四大国有控股银行资本充足率明显提高，具体来看，截至 2006 年年末，建设银行、中国银行、工商银行资本充足率均超过了 12%，达到 8% 的资本充足率监管要求。

表 2－1　1995—2006 年四家国有控股商业银行资本充足率变化情况

年份	四家资本总额（亿元）	四家资产总额（亿元）	四家资本充足率（资本/资产）	
1995	1 788.50	49 945.70	3.58%	
1996	2 010.40	59 470.50	3.38%	
1997	2 028.30	72 134.50	2.81%	
1998	4 368.70	82 592.20	5.29%	
1999	4 097.40	91 763.00	4.47%	
2000	4 793.00	98 388.90	4.87%	
2001	4 814.50	103 248.70	4.66%	
2003	—	—	7.62%※	
年份	中国建设银行	中国银行	中国工商银行	中国农业银行
2002	6.91%	8.15%	5.54%	1.44%
2003	8.02%	—	5.52%	—
2004	11.29%※	10.04%※	—	—
2005	13.57%※	>8%※	>8%※	<8%※
2006	12.11%※	12.40%※	14.05%※	

数据来源：1995—2001 年数据来自《中国金融年鉴 2002》，其余数据来自各行年报或银监会网站。有※标识的数据为按 2004 年方法计算的数据，其余为按 1996 年方法计算的数据。

2. 第二组数据：2006 年之后，整体银行业情况

从总体来看（如表 2－2），继 2006 年之后，国内银行业资本充足率水平持续稳步提升。截至 2014 年年底，商业银行整体加权平均资本充足率 13.18%，加权平均核心资本充足率 10.76%。390 家商业银行的资本充足率水平全部超过 8%。

表 2－2　2007 年至 2013 年中国银行业资本充足率水平

年份	资本充足率	核心资本充足率
2007 年	8.40%	—
2008 年	12.00%	—
2009 年	11.40%	9.20%
2010 年	12.20%	10.10%
2011 年	12.71%	10.24%
2012 年	13.25%	11.00%
2013 年	12.19%	10.00%
2014 年	13.18%	10.76%

数据来源：中国银行监督管理委员会各年期年报。

由上述资本充足率指标数据来看，近年来我国商业银行资本充足率总体水平较好地达到并超过了国际巴塞尔资本协议 8% 的监管要求，以资本充足率作为衡量标准来看，我国银行业监管稳定性的目标得到了实现。但进一步考虑，资本充足率为资本与风险加权资产的比例数据，在我国作为发展中国家资产规模快速扩张的银行经营状况下，如何实现银行资本的快速补充是保证资本充足率维持较高水平，进而保证银行业整体稳定性的关键。下面将进一步从我国银行业资本构成（资本来源）的分析角度讨论银行业的稳定性状况。

（二）银行资本来源构成

根据巴塞尔协议的一般规定，银行资本由核心资本和附属资本构成。从资本构成（资本来源）上来看，我国商业银行资本来源构成与国外商业银行有所不同，这里选取中国和美国按 2013 年资产数量排名均在本国列于第四名的中国银行和美国富国银行为例，分析中美典型商业银行资本构成的差异。

1. 核心资本和附属资本比例的不同

从核心资本与附属资本的占比情况看，中国银行核心资本占比远远高于

美国富国银行。国外银行善于利用附属资本合理化资本结构，提高内源资本的推动能力。附属资本的扩充可作为我国商业银行下一步资本补充的主要来源（图2-2）。

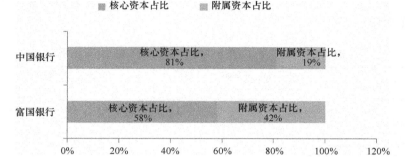

图2-2 中国银行与富国银行核心资本与附属资本比例情况

数据来源：中国银行与富国银行2013年年报。

2. 核心资本构成的不同

中国银行与富国银行核心资本的构成情况如图2-3所示：

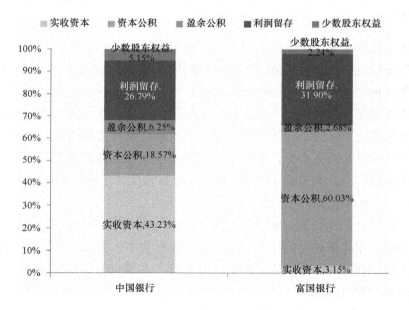

图2-3 中国银行与富国银行核心资本构成情况

数据来源：中国银行与富国银行2013年年报。

3. 附属资本构成上的不同

从两者附属资本构成上看,美国富国银行对优先股这一资本工具的利用能力远远强于中国银行;而中国银行附属资本中占比较大的仍是较为传统的融资方式——准备金和可转债。

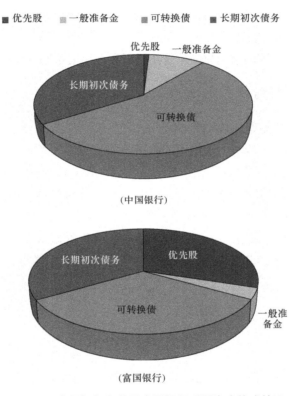

图 2 - 4 中国银行和美国富国银行附属资本构成情况

数据来源:中国银行与富国银行 2013 年年报。

从中外商业银行资本补充机制差异的对比上看(图 2 - 2 至图 2 - 4),中国银行侧重于增发股票、筹集核心资本,增加财政投资、加大国家投入,发行定期次级债券;与中国银行不同,富国银行则侧重发行优先股、次级债券募集大量附属资本,通过较高的剩余利润和股本收益实现内源增长,努力通过金融创新吸收更多的资本。

虽然我国银行业一级资本较高的比例使得银行资本的安全性更高,但是附属资本尚未充分发挥作用,资本来源方面的创新滞后,很难提高我国银行的内源资本及价值创造能力，使得商业银行资本补充渠道受限，进而阻碍进一步的业务拓展。

可见，虽然我国商业银行资本充足率水平已达到国际标准，但为了在资产规模快速扩张的同时保持资本的充足性和银行业的稳定性，监管的重点应更多的关注资本来源渠道（资本构成）的拓宽。由于不同规模银行的股东属性、利润规模及结构、发债的基础不同，其扩张资本的来源渠道也应有所不同，因此监管当局应采用合理的差异化的监管措施引导和推动不同规模银行资本的获得。

二、盈利性指标分析

（一）资产收益率（ROA）指标

图 2 - 5 提供了 1995—2013 年我国银行业平均 ROA 水平，并与全球位列 TOP1000 的银行的平均水平进行对比。其中由于整体数据的缺乏，1995—2006 年的 ROA 数据我们选取了五大国有控股商业银行和八家股份制商业银行作为代表，这两类银行在全部存款货币银行中所占的资产份额一直在 70% 以上，所以通过分析它们的 ROA 平均水平来考察我国银行业的盈利能力。2007 年之后的数据为来自银监会年报的银行业整体盈利状况数据。

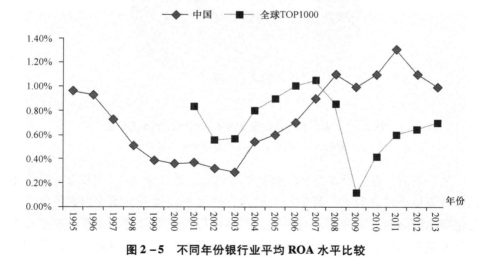

图 2 - 5　不同年份银行业平均 ROA 水平比较

数据来源：2006 年之前的数据包括 5 家大型国有银行、8 家股份制商业银行（数据摘自各银行年报）；2007 年之后为整体银行业数据（数据摘自银监会各年年报）；全球 TOP1000 数据来自《The Banker》各年第 7 期。

得益于我国整体宏观经济的增长和银行业务股份制改造的进行，近5年银行的盈利水平得到较大幅度提升，尤其大型国有银行盈利增长尤为突出，赶超股份制银行并带动银行业整体盈利水平提升（如图2-6）。在次贷危机带给国际社会更多负面影响的大背景下，我国银行业的盈利水平超过了全球TOP1000的平均水平，扭转了以往落后的局面。单纯从ROA这一指标来看，银行监管使银行业绩效水平不断提高的目标得到实现，但利润结构的合理性是持久盈利的关键，下面本书将从中国与国外银行业的对比上发现我国银行业盈利结构的问题。

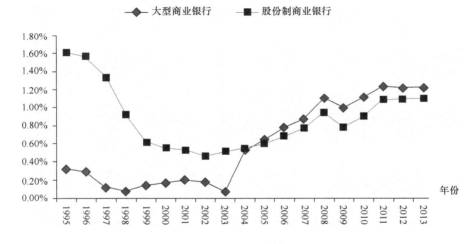

图2-6 大型商业银行与股份制商业银行ROA水平比较

数据来源：2006年之前的数据来自各银行年报计算得到，2007年之后数据由银监会年报中数据计算得到。

（二）银行业务的多样化

银行业务的多样性可由其收入结构得到体现。银行业收入分为利息收入和非利息收入两大部分。与国外银行相比，我国银行业务在业务类型和产品种类上的丰富程度均与国外有一定的差距，表现为一方面是利息收入占比过高，很大程度上依赖于利差收入；另一方面是非利息业务种类相对单一，手续费收入占比较高。具体数据分析如下：

1. 我国非利息收入远低于国际水平

现阶段发达市场银行业中间业务占营业收入的比重平均在45%左右，其中英国、德国、中国香港、瑞士等此项占比超过了50%，投资银行及其他证券市场相关业务、保险、资产管理等业务收入取代传统商业银行业务和银行卡业务，成为中间业务的主要来源。从图2-7可见，2013年年底我国上市商业银行非利息收入占比约为20%，其中净手续费收入占比17%，其他非利息收入占比3%，远低于全球平均水平。况且，我国上市银行非利息收入占比在我国银行业中处于最高水平，绝大多数城商行、农村商业银行非利息收入占比仍远低于10%。

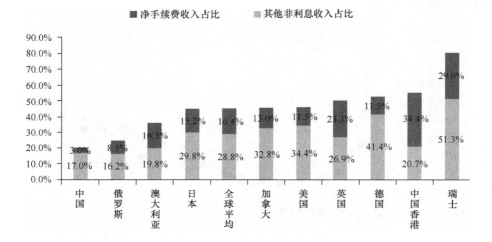

图2-7 2013年中国上市银行非利息收入占比与其他国家和地区的比较

数据来源：万得（Wind）。

2. 我国中间业务中手续费收入偏高

由图2-7中非利息收入占比和净手续费收入占比的数据可得，我国商业银行手续费收入在非利息收入中的占比高达85%，手续费收入包括银行卡、代理业务、担保及承诺、资产托管等。对比海外银行非利息收入结构，证券类、资产管理类等综合经营收入占比达40%—50%。

我国当前的中间业务中综合经营收入占比较低，扩大非利息收入将以提高综合经营为主，海外银行综合经营业务主要包括证券业务、保险业务、信托、资产管理、融资租赁等。由于我国目前仍以分业经营为主，证券业务和保险业务提升空间不大，而资产管理类业务具有较好的运营基础，可作为提高中间业务收入的突破口。高附加值投资理财和资产管理业务可成为我国银行中间业务扩展，丰富银行业务种类，降低利率市场化下利差收入缩小影响的主要方向。

在实现银行业务种类多样化上，不可对不同规模银行作统一要求。与中小型银行相比，大型银行在综合化的战略定位、已有业务基础、综合实力上均具有大力发展中间业务的优势。监管当局应利用差异化的监管手段更好引导大型商业银行在资产管理类业务上的发展，通过资产份额占比接近半数的大型银行带动我国整个银行业业务种类的多样化。

三、公平性指标分析

从银行业竞争的充分性、服务对象获得金融服务的均等性两个方面，分析我国银行业监管效率中的公平性。

（一）银行业竞争充分性

由表 2 – 3 中各类银行资产所占份额及 2014 年年底各类银行机构数量的对比可见，我国各类商业银行资产份额占比不尽合理。分布格局也呈现出类似特点，即"倒三角形"或"倒金字塔"型：大银行在全国银行总资产或存贷业务总量中占据较大份额，中型银行占据相对较小的份额，小型银行合计起来也仅占一个还要小的份额。

表 2 – 3　各类银行业务金融机构资产份额占比比较

银行业机构类型	2005	2006	2007	2008	2009	2010	2014	2014 年机构数量
大型商业银行	56.06%	55.15%	53.25%	51.03%	50.89%	48.68%	41.20%	5
股份制商业银行	11.92%	12.39%	13.78%	14.12%	14.96%	15.77%	18.20%	12
城市商业银行	5.44%	5.90%	6.35%	6.62%	7.21%	8.33%	10.81%	133
农村商业银行	0.81%	1.15%	1.16%	1.49%	2.37%	2.90%	5.25%	665
其他	25.78%	25.42%	25.46%	26.74%	24.56%	24.33%	24.54%	4 091

注：除上述表格中的银行业金融机构外，根据银行业监督管理委员会的划分，"其他"类机构包括农村合作银行、农村信用社、城市信用社、邮政储蓄银行、外资银行及非银行金融机构。数据根据银监会 2014 年年报计算得到。

理想的状态是，银行业内部既要有竞争，又要避免价格战之类的恶性竞争、过度竞争。多样化银行机构的加入和合理份额占比的分布是保证银行业良性竞争的关键。从国内外经验看，维持银行业适度竞争、健康发展的基本途径有三：进入控制、产权流动、特色经营。而这三项途径均需要监管机构通过对不同类型银行给予差异化的监管予以实现。

（二）金融服务机会均等性

银行监管公平性的另一方面是考察银行信贷服务的公平性和普遍性，因此，下面分析我国不同地域和不同企业获得信贷服务机会的差异性。

1. 农村金融服务

表2-4提供了15年间我国城乡信贷服务扭曲度情况，该指标表现了不同地域经济贡献率与其获得银行贷款份额的匹配程度，其最优值为1，数值越大表明不同地区获得信贷服务的机会越不均等（孟艳，2007）。根据表2-4，城乡信贷服务扭曲度在1991—2013年间平均为8.7，明显大于最优值1，这表明我国农村地区获得信贷服务的机会远远低于城市地区。需要注意的是从1999—2004年，各年扭曲度都低于均值，并呈下降趋势，而自2005年以来扭曲度有所上升，这表明近年来，城乡之间获取信贷服务的公平程度进一步恶化。

表2-4　城乡信贷服务获得情况对比

年份	经济增长贡献率（%）		贷款份额（%）		扭曲度
	城市 a	农村 b	城市 c	农村 d	(c/a)／(d/b)
1991	39.5	60.5	86.1	13.9	9.5
1993	24.6	75.4	85.3	14.7	17.8
1995	57.6	42.4	88.5	11.5	5.7
1997	42.7	57.3	88.9	11.1	10.7
1999	51.2	48.8	88.3	11.7	7.2
2001	57.2	42.8	89.2	10.8	6.2
2002	59.1	40.9	89.6	10.4	5.9
2003	59.5	40.5	89.9	10.1	6.1
2004	53.2	46.8	89.9	10.1	7.8
2005	53.8	46.2	90.02	9.98	7.75
2006	54.6	45.4	91.38	8.62	8.81

续表

| 年份 | 经济增长贡献率（%） | | 贷款份额（%） | | 扭曲度 |
	城市 a	农村 b	城市 c	农村 d	(c/a) / (d/b)
2007	55.4	44.6	91.39	8.61	8.54
2008	55.3	44.7	91.73	8.27	8.97
2009	55.02	44.98	92.33	7.67	9.84
2010	54.8	45.2	92.87	7.13	10.74
2013	53.1	46.9	92.55	7.45	10.97

数据来源：a、b 来源于各年度《农村经济绿皮书》，c、d 根据《中国金融年鉴》历年各期整理，其中农村贷款余额由农业贷款余额与乡镇企业贷款余额构成，金融机构总贷款余额减去农村贷款余额即为城市贷款余额。

2. 中小微企业金融服务

信贷服务在不同所有制企业之间也存在明显差异。由于统计口径的变化和统计数据的缺乏，不易计算企业信贷服务扭曲度，在此以代表性数据的对比进行说明。非国有企业的工业总产值比重逐年上升，而获得信贷资金的比重却始终处于低水平。以私营企业为例，2000—2002 年，规模以上私营企业工业总产值占全部工业总产值的比重分别是：6.09%、9.18%、11.69%；而同期，私营和个体企业获得的短期贷款之和占金融机构短期贷款的比重分别是：1.00%、1.36%、1.43%[①]。通过数据的对比可以看出，非国有企业获得信贷服务的机会远低于国有企业。企业的所有制性质而不是企业经营状况对企业信贷服务状况有更大影响。Boyreau - Debray，Wei（2002）的研究表明：如果假定中国各省的投资水平不变，可以发现通过金融中介机构的资金量与各省的经济增长率负相关，与各省国有企业的整体规模正相关。

但可喜的是，自 2005 年以来，银监会陆续通过一些监管政策加大对中小企业融资服务的扶持。银监会 2005 年发布《银行开展小企业贷款业务指导意见》（银监发〔2005〕54 号）宣布"以完善小企业服务体系为切入点促进商业银行的战略转型"以来，通过发布多项规章制度在贷款额度、机构准入、产品审批、资本约束等多个方面完善小企业金融服务体系，以监管手段激发

---

① 孟艳. 我国企业内外源融资结构的差异与影响 [J]. 金融教学与研究，2004（6）：2 - 411.

商业银行服务小微企业的内生动力，这使得近年来小微企业贷款得到了迅速提高。小微企业贷款余额的逐年增长（如图2–8），小微企业贷款占全部贷款的比例也由2009年末的21.21%上升至2013年末的23.20%，在一定程度上印证了监管当局在改善不同规模企业金融服务公平的有效性，为下一步采取针对不同类型银行的差异化政策进一步实现监管目标的公平性提供了现实支撑。

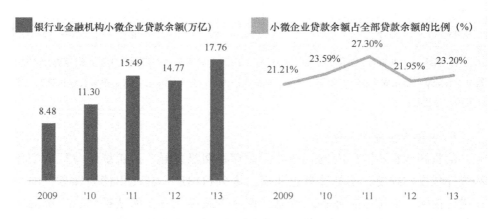

图2–8　银行业金融机构小微企业贷款余额及其占比（2009—2013年）

注：2009年和2010年银监会并未直接披露小微企业贷款余额，其值由当年银监会披露的小企业贷款余额与个人经营性贷款余额相加计算得到，当年的小微企业贷款余额占全部贷款余额比例也系计算得到；2011年、2012年、2013年的小微企业贷款余额及其占全部贷款余额比例直接来自当年银监会年报披露。

数据来源：中国银行业监督管理委员会年报（2009—2013年）。

以上两个指标的情况说明，从信贷服务机会公平的角度看，我国消费者利益的保护状况不太理想，农村地区和非国有企业得到的信贷服务与它们对经济增长或工业产值的贡献度相比明显不对称，对于不同消费者，银行提供信贷服务没有遵循统一的商业标准，造成不同区域和不同企业的消费者服务存在不公平现象。由于不同类型的商业银行根据自身的特性有特定的服务对象定位，不同客户群获得金融服务不公平的现象，恰需要差异化的监管政策引导和促进不同类型商业银行通过差异化发展，更好地服务各自的目标客户群体，保证不同类型客户的金融服务可获得性，实现监管的公平性目标。

四、发展性指标分析

我国金融业中银行占有主导地位，因此金融业对经济的贡献即可体现银行业对我国经济发展的贡献。由图 2 - 9 中数据可见，2005 年之前金融业对第三产业的贡献、对经济增长的贡献（即金融业产值与第三产业产值、GDP 的比例）逐年降低，而可喜的是 2006 年开始金融业对经济发展的贡献逐年递增。截至 2013 年年底，金融业对第三产业的贡献率达 12.18%，对 GDP 的贡献率达 5.25%。而与国际水平相比，我国金融业的贡献率远远低于国际水平，我国 2013 年年底的金融业贡献指标仍低于主要国家 2008 年的水平（表 2 -5），我国银行业监管的发展性指标有待突破。

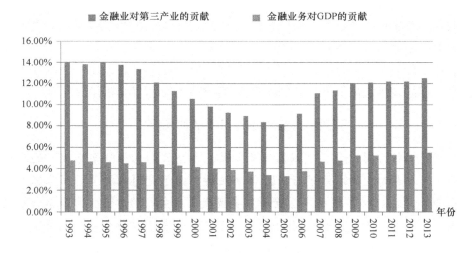

图 2 - 9　金融业对国内经济增长的贡献程度

数据来源：中国统计年鉴。

表 2 - 5　2013 年世界主要国家和地区金融业产值占 GDP 的比例

国家（地区）	金融业产值占 GDP 的比例	国家（地区）	金融业产值占 GDP 的比例
美国	20.40%	中国台湾	10%
伦敦	33%	深圳	10%
日本	14%	上海	8%

数据来源：http://www.doc88.com/p-43849980657.html，《中国银行业分析报告》。

综上所述，在我国目前对不同规模银行仍较为单一的监管制度下，银行监管效率的稳定性、盈利性、公平性、发展性四方面评价指标均有待改进。在这四个方面所表现出的监管效率损失，具体而言：在稳定性上，较高的资本充足率指标实现了当前我国银行业"时点"上的稳定，但仍面临扩宽不同类型商业银行资本补充渠道的问题；在盈利性上，我国银行业 ROA 平均水平不断提高并且超过了位列全球 TOP1000 的银行的平均水平，但在银行利润来源结构（业务多样性）上有待改进，需要拓展中间业务收入，摆脱主要依赖利差收入的格局，尤其是促进大银行在中间业务收入发展上的领军作用；在公平性上，虽然监管当局近年来推出的对中小企业金融服务的扶持政策推动了 2008 年以来中小企业贷款的逐年增长，但仍需要借助监管当局对不同类型商业银行的差异化政策，提高农村、中小企业这些特殊服务群体获得金融服务机会的公平性；此外，与发达国家相比，我国金融业对经济增长的贡献率仍需要不断的提高，发展性的监管目标仍需进一步改进。概括而言，当前我国总体上较为单一的监管政策下银行监管的效率并不乐观，监管效率在上述四个方面的改进均离不开针对不同类型商业银行的差异化监管政策。

专题2 富国银行另类的商业模式

富国银行，1852 年在美国西海岸创立，在建立后的 100 余年里，逐渐成长为一家独具特色的地方银行，1994 年之后，由于美国取消了对商业银行跨州经营的限制，加之 1999 年《金融服务现代化法案》的出台，富国银行经过一系列的兼并收购，在不到 20 年的时间里，从一家地方银行一跃成为全美第四大银行，并发展成为一个综合性的金融机构。自 2001 年起，富国银行逐渐将自身的业务划分、调整为三个部分——社区银行，批发银行，财富管理、经纪和企业年金。

1. 社区银行

高净息差为富国银行带来了持续高于同业的赢利能力，这与富国银行的商业模式有着不可分割的关系。富国银行的业务特色中，最著名的就是社区银行。富国银行将主要的业务划分为社区银行，批发银行，财富管理、经纪和企业年金三个部分，近年来，富国银行的社区银行部门的收入和利润都占到公司的 60% 左右，是富国银行最为核心的部门。

富国银行将网点开到离社区居民最近的地方，极大地方便了当地的居民。

此外，富国银行还捐助许多资金，帮助各地的社区修建一些公用设施，并且组织员工为社区提供志愿服务，以此拉近与社区居民的关系，塑造良好的企业形象。2011年，富国银行向非营利机构捐助了21.4亿美元的款项，其中多数用在了教育改善、社区发展上，员工的志愿服务总共达到1 500万个小时，大约折合3.2亿美元。

借由广布的网络，优质的服务和良好的形象，富国银行的社区银行发展迅速，为富国银行提供了较为低廉的存款，也给富国银行带来了收益很高的贷款业务，还带来了许多中间业务和其他综合业务。

2. 快速发展的房地产贷款业务

净息差的增长同样离不开房地产贷款的迅速增长，房地产贷款主要包括个人贷款中的住房抵押贷款和企业贷款中的房地产建设贷款，这两项贷款往往拥有较高的利率。纵观富国银行近30年来的表现，房地产贷款业务的增长非常突出，从1972年占总贷款的不到30%，提升到近些年接近60%，而房地产贷款较高的利率也拉高了富国银行的净息差，为公司带来了巨大的经济效益。

3. 特色营销——金融商店与交叉销售

富国银行的金融营销手法在美国也是十分知名的，凭借"以客户为中心"的服务理念，富国银行设立了众多的网点和自助存款设备，其电子银行业务也排名美国第一。

更为有趣的是，富国银行的网点并不称为支行，而是被称为"商店"，而富国的营销手法也与这一名称相契合，提供优质的服务和交叉销售金融产品。在业务综合化的基础上，富国银行提出交叉销售来提升赢利能力，并且将交叉销售视为银行的重要战略。甚至从并购目标的选择上，公司也遵循了这一战略，1998年合并的西北银行，也是以交叉销售闻名的商业银行。

对于个人，社区银行提供了储蓄、信用卡、住房抵押贷款、财富管理、保险等多项业务，对大中型企业，批发银行提供了商业贷款、房地产开发贷款、投资银行、投资管理、企业年金、贸易融资、信用证等多项业务。1998年来，银行平均向每个客户销售的金融产品数量持续增长，在2009年接近6个，虽然2010年受收购美联银行并表的影响，这一数据减少为5.7个，但仍然保持着上升的态势。

交叉销售对于富国银行来说同样意义重大。首先，交叉销售带来了持续

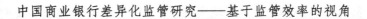
增长的业务规模，1998 年以来，富国银行平均每个客户消费的产品数量持续增长，这一增长带来了许多业务。其次，交叉销售将传统商业银行的客户向综合化的其他业务渗透，有效支持了其他业务的增长，创造了更高的非利息收入，稳定了公司的利润水平。最后，借助于综合化和交叉销售，富国银行获得了更广阔的收入来源，将收入来源分散化，有效降低了公司的经营风险。

资料来源：中信证券研究部，富国银行的称霸之道：为什么它才是当之无愧的"宇宙行"，"轻金融"微信阅读公共平台，2015 - 07 - 24。

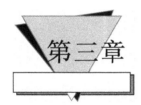

第三章

中美不同规模商业银行现行
差异化监管实践

第一节　以规模作为差异化监管划分的原因阐述

概括学界对不同规模银行的业务发展和风险特性的研究，为本书以"规模"作为差异化监管研究的划分点寻找理论依据。

差异化监管中差异化的划分标准并不唯一，而本书选取规模作为差异化监管研究的分界点，着重研究大、中小商业银行的差异化监管实施，主要原因在于在实际银行业经营中资本化比例、贷款组合潜力、业务复杂性及盈利结构等重点指标均与银行规模紧密相关，且在学术研究领域规模一直是金融和会计研究重要的模型变量。众多学者以规模为研究切入点在银行规模经济问题、银行规模与业务多样化及风险状况、银行规模与分支机构设立关系上的研究，既是本书以规模作为差异化监管划分的主要文献依据，同时也为后文对不同规模银行经营特征的讨论及针对差异化监管政策需求的提出奠定基础。

一、有关银行规模经济问题的讨论

早期的银行理论认为银行业存在规模经济，Marlin（1968）利用 1963—1966 年不同规模类型的银行数据研究发现，次级贷款比例与银行规模成反向关系；小银行将其较大比例的资产贷给一般风险较大的小企业客户；小银行不能分散其投资组合，受当地经济环境的影响而具有较大风险。McEachern（1990）认为规模是为公共提供服务的一项优势，因为大银行可以既在产品研发又在数据处理能力上同时进行较大投入，在市场上保持竞争优势。这些早期的银行规模经济理论以及大萧条时期大银行倒闭所表现出的较大的传染性，使得"大而不倒（too big to fail）"的思想在美国监管当局的监管政策中得到体现并宣布了被指定为"大而不倒"的银行控股公司。直至 2008 年，次贷危机的爆发作为强有力的证据，颠覆"大而不倒"的政策理论。

与早期的银行规模经济问题的研究不同，后来的研究并非简单地得出银行业是否存在规模经济的结论，而是注重进一步挖掘在哪个资产范围内的银行可能存在规模经济。Berger、Hanweck、Humphrey（1987）发现适度的规模经济存在于规模相对小的银行；Clark、Speaker（1994）发现规模经济存在与总资产达到 10 亿美元以上的银行；Boyd、Gerlter（1994）认为 5 000 万美元以下的银行表现不佳，没有能力实现规模经济；Samolyk（1994）与 Boyd、Gerlter（1994）不同，认为相对较小的银行（资产在 1 亿美元和 5 亿美元之间）在利润和资产质量上表现最好；Gilligan 和 Smirlock 一个重要发现是规模经济对于存款不超过 2 500 万美元的小银行是存在的，并且整体上看在两类存款（定期存款和活期存款）和两类资产（贷款和债券）之间是存在范围经济的；Saxena Atul Kumar（1993）利用投入产出法分别分析控股公司的银行业务和非银行业务的规模经济效益，在统计描述（均值分析）上，对于银行业务成本的研究中对于不同规模银行进行了分类，第一组是存款小于 1 亿美元，第二类是存款在 1 亿和 5 亿美元之间，第三类是超过 5 亿美元。数据表明，对于超过 5 亿美元的大银行而言，其为每一美元存款需要支付较高的价格，其平均支付给员工的工资和奖金比其他两组的银行每年多支付 3 000 美元，即每一美元分担的物理成本比前两个小银行要大。且文章以利息收入和非利息收入作为因变量，得出结论：银行在利息收入的传统银行业务上不存在规模经济，但在非利息收入的非银行业务（信托服务费用、证券经纪费用和现金费用）存在规模经济。

二、关于银行规模与业务经营的讨论

不同规模银行的业务发展方向和竞争手段有所不同。

首先，在大中小银行的业务发展方向上，Duetsch（2002）对 1998 年的数据研究表明，95.2% 的家庭和 96% 的小企业使用当地的金融机构作为主机构，即对中小企业、当地居民的专业化服务是中小银行主要的业务发展方向。而与小银行相比，大银行与多样化是互不分离的（Demsetz、Strahan，1995），大的银行控股公司比较小公司有更好的多样化；Taekyu Lee（2002）通过对韩国的银行业实证分析得到大银行的多样化程度高于小银行的结论。可见多样化是大银行的一个重要特征并也可以作为盈利的一个重要手段。

再者，在不同规模银行的竞争手段上，Ran Tao（2008）分析美国和中国零售银行市场动态竞争策略和经营表现。结果表明，较新的较小的银行通常比成熟的大银行提供较高的存款利率，相反，大银行则更倾向于非价格（non - price）竞争。Dick（2002）发现消费者的需求与银行的规模、年龄、员工、当地银行分支机构的地理密度相关。消费者认为较好的服务包括较多的分支机构人员，较高的分支机构密度，较多样化的网络服务。较大银行通常提供比较小银行更多种类和较高质量的服务，且与小银行相比大银行有更多的资源在增加广告和服务质量上投资。虽然与小银行相比大银行通常提供较低的存款利率和收取较高的费用（Dick，2007），但消费者愿意支付较高的价格获得高质量的服务。

小的和新的银行比成熟银行提供较高的存款利率，增加了消费者福利。但是，小银行对一些因素有易变性。较低的成本效率、较高的存贷款管理边际成本、较高的转换成本、较低的消费者价格敏感性、非价格竞争战略，这些都是较大银行实施的策略，对于小银行增长和市场份额有负面影响。

上述研究得到的不同规模银行在业务发展定位、具体业务发展中的竞争手段上的不同，是大、中小银行根据自身发展特质实现差异化发展，提高整个银行业效率的基础。而本书研究针对不同规模银行差异化监管政策恰是以大中小银行经营特征的差异化为根本出发点，利用差异化监管政策服务和引导各自的差异化道路。

三、关于银行规模与风险特征的讨论

以前的研究表明了银行业规模和多样化的正向关系，但是多样化和风险的关系比较模糊。Meinster、Johnson（1979）展示了一个分析框架估计了银行控股公司向非银行业务扩张对于债务偿还能力的影响，结果认为通过非银行业务的多样化可以减少资本损失概率；Rose（1989）认为银行控股公司非银行业务的多样化下恰当的投资组合可以减小银行收益和现金回流的风险；Demsetz、Strahan（1995）研究是否银行规模和多样化是互不分离的，但是风险和多样化的关系是不显著的。他们的样本期间是 1980 年至 1993 年，发现规模和风险的关系随着样本区间改变而变化，规模的多样化的优势在 1991 年后变得明显，即 1991 年后规模和风险的关系在统计上变得显著，这被认为是监管环境的变化（如资本要求的加强）带来的。这篇文章中所提及的监管政策的变化对不同规模银行风险大小变化的影响，是本书研究的一个重要文献基础；Hasan、Saunders（2001）实证得出银行资产的多样化不能保证较高的利润。而且，尽管大银行比小银行有更好的资产多样化但其风险并没有因为多样化而减少。利用可以多样化的能力，大银行可能从事较高风险较高盈利的业务，这些活动如果是小银行是不能够实行的。这是银行道德风险激励的不同的视角，使得大银行持有多样化的但较高风险的资产组合；Taekyu Lee

（2002）检验了韩国的银行业银行规模、多样性和风险的相关关系，不良贷款比例的数据表明多样化并没有减小银行风险。换言之，大银行多样化优势并没有加强银行的稳定；Maglin Parinya（2008）研究结果表明，一是较大银行由于资产的大幅增长减少了违约概率，使较大银行有较低的违约概率；二是较大银行权益收益和权益变动率的共同变动大于小银行；三是银行越大，在险价值（Value at Risk，VaR）越大，表明大银行有较大的资产组合风险。

Graham、Humphrey（1978）分析经贷款损失预测指标时，认为最好的解释贷款损失的方法是对银行按规模进行分割，即预测的模型应该根据银行规模不同而分开；Reed，Randy Marl（1998）实证研究贷款损失是否因银行规模不同而改变，将样本以资产规模中1亿美元和5亿美元为临界点划分为小、中、大银行，结果表明贷款损失的不同发生在小银行和中等规模银行之间，中等银行比小银行有较大的损失。以资产大小最为衡量规模的变量，对于贷款损失有重要决定作用。在AICPA模型中规模可以解释变化波动的10%。

上述研究中规模与风险的弱相关性也打破了一些传统观点所认为的小银行风险较大的思想，也对一些国家对小银行歧视性的附加的监管政策提出了挑战。上述研究没有对银行规模与风险关系得出定论，部分学者提倡以规模作为分割点研究不同规模银行的风险特征。这些研究支撑着本书在不同规模银行业务、风险特性的基础上进行以规模为划分标准的差异化监管的研究。

第二节　中美不同规模商业银行的划分标准

一、美国监管部门及主要法规对商业银行规模的划分

（一）美国货币监理署

为了监管方便，美国货币监理署（OCC）将国家银行（national bank）制定划分为大银行（large bank）、中等规模银行（midsize bank）和社区银行（community bank）如表3-1所示。这一划分主要依据银行资产规模。其中：社区银行资产规模不超过10亿美元，可能包括特定目的的银行，例如Trust banks和Community development banks，在特定社区范围内提供针对客户的个性化金融服务，与客户保持长期的业务联系。而资产规模超过10亿美元被视

为规模较大银行①，其中中型银行资产规模一般大于 10 亿美元而小于 250 亿美元②。

表 3 - 1　美国国家银行（National bank）概况

机构种类	数量
所有被 OCC 监管的机构数量	2 036
大型银行（large banks）	45
中型银行（midsize banks）	51
社区银行（community banks）	1 303
联邦储贷协会（federal savings associations）	637
所有被 OCC 监管的机构资产总额：9.6 万亿美元	

数据来源：OCC2012 年年报，数据截至 2012 年 12 月 31 日。

（二）美国联邦保险公司（FDIC）

FDIC 在对被保险机构进行以风险为基础的保费比例测算时，对不同规模机构的划分标准是③：

小机构（small institutions）：截至 2006 年 12 月 31 日，资产金额小于 100 亿美元（$10 billion）的被存款保险机构；在 2006 年 12 月 31 日之后，原本的大机构如连续四个季度资产小于 100 亿美元，则从下个季度起也被确认为小机构。

大机构（large institutions）：截至 2006 年 12 月 31 日，资产余额大于 100 亿美元的被存款保险机构（除被保险的外国银行分支机构和高度复杂机构）；原本的小机构如连续四个季度资产大于 100 亿美元，则从下个季度起也被认为是大机构。

高度复杂机构（highly complex institutions），包括：

---

① OCC（Comptroller's Handbook），"Bank Supervision Process Comptroller's Handbook"，"Large Bank Supervision Comptroller's Handbook"，"Community Bank Supervision Comptroller's Handbook"。

② OCC，"Guide to the National Banking System"，April，2008.

③ Federal Deposit Insurance Corporation，"Assessments，Large Bank Pricing"，12 CFR Part 327，RIN 3064 - AD66.

• 此类被保险的存款机构（除信用卡银行①以外），持续四个季度资产总额不低于 500 亿美元（$50 billion），且被连续四个季度资产总额不低于 5 000 亿美元（$500 billion）的美国控股母公司所控制，或者被一个或几个中等的美国母公司控制，而这中等的美国母公司又被连续四年资产总额不低于 5 000 亿美元的控股公司控制。

• 过程银行或信用公司（processing bank or trust company）：这类机构其最后三年非借贷利息收入、信托收入和投资银行手续费收入的和超过了总收入的 50%（且其最后三年的信托收入非零），而且其总信托资产总额在 5 000 亿美元以上，至少连续四个季度总资产额均在 100 亿美元以上。

此外，FDIC 的一些研究文章中有另外一种划分方法：大的复杂机构（large, complex banking organizations）指定为资产规模排名前 25 位机构；社区银行（community banks）指资产规模小于 10 亿美元的机构；中等规模银行则处在资产规模大于 10 亿美元和前 25 大银行机构之间，当前资产大约为 420 亿美元②。

（三）社区再投资法案（CRA）对不同规模银行的划分

2005 年 9 月，监管机构通过精简贷款评估项目和免除数据报告制度减小了资产 10 亿元美元以下银行的监管负担。另外，将资产规模在 2.5 亿美元和 10 亿美元之间的小银行定义为"中等小银行（intermediate small banks）"，并且每年根据 CPI 调整定义小银行（small banks）和中等小银行的资产标准。此消费物价指数为 Consumer Price Index for Urban Wage Earners and Clerical Workers（CPIW），并在每年 11 月公布，调整周期是 12 个月。以最近一期经调整后的界定标准为例，2012 年 1 月 1 日起，商业银行（Commercial Bank）和储贷协会（savings associations），只要前两年中有一年 12 月 31 日时资产总额小于 11.6 亿美元（$1.160 billion），即被界定为"小银行"或"小储贷协会"，其中前两年中只要有一年 12 月 31 日时资产总额大于 2.9 亿美元（$290 million）小于 11.6 亿美元（$1.160 billion）的小银行或小储贷协会将被界定

---

① 信用卡银行：指一种银行其信用卡营收账款加上证券化的应收账款超过了总资产的 50% 与证券化应收账款的和。

② George Hanc, "The Future of Banking in America: Summary and Conclusions", FDIC BANKING REVIEW, Vol. 16, NO. 1, 2004.

为中等小银行或中等小储贷协会①。

（四）美联储对大小银行控股公司的界定②

2006 年 3 月，美联储修订了对小银行控股公司的界定范围。资产总额的门槛由 1.5 亿美元（$150 million）提升为 5 亿美元（$500 million），这一调整的量化标准反映了 1980 年以来通货膨胀、行业合并及资产规模的增长。

小银行控股公司：形式上合并资产总额小于 5 亿美元，并且：①不直接且不通过非银行附属机构，从事重大的非银行类活动；②不直接且不通过非银行附属机构，从事重大的表外活动（包括证券化、资产管理类业务）；③没有在 SEC（Securities and Exchange Commission）注册登记的、大量的没有偿付的债券和股权证券（非托管的优先证券，trust preferred securities）。

大银行控股公司：包括合并资产总额在 5 亿美元以上的任何一家银行控股公司；同时包括虽然资产总额小于 5 亿美元，但是满足其中一条的即视为大银行控股公司：①不直接且不通过非银行附属机构，从事重大的非银行类活动；②不直接且不通过非银行附属机构，从事重大的表外活动（包括证券化、资产管理类业务）；或者③没有在 SEC 注册登记的、大量的没有偿付的债券和股权证券。

（五）Regulatory Flexibility Act 对小银行机构的界定

美国小企业协会（Small Business Administration）发布了 Regulatory Flexibility Act（13 CFR 121.201.），要求一项政策出台时相关部门要组织公众研讨，分析这一政策对于小机构的影响。而在此提到的小机构包括了资产规模小于 1.75 亿美元的商业银行或银行控股公司。截至 2010 年 6 月 30 日，大概符合这个标准的小银行控股公司（small bank holding companies）2 561 个，小国家银行（small national banks）690 个，小的州会员银行（small state member banks）400 个，小的州非会员银行（small state nonmember banks）2 706 个。

---

① Office of the Comptroller of the Currency, "Rules and Regulations", Federal Register 79529, Vol. 76, No. 246, 2011.

② 信息来源的联邦法规编号：12 CFR 225 Y。

二、中国监管当局对商业银行范围的界定

（一）银行业监督管理委员会

作为中国银行业监管的最主要机构，中国银行业监督管理委员会对大、中小型商业银行的明确归类如下（表3-2）：

表3-2　银监会对大、中小银行的界定

机构名称	解释
商业银行	包括大型商业银行、股份制商业银行、城市商业银行、农村商业银行、外资银行
大型商业银行	包括中国工商银行、中国农业银行、中国银行、中国建设银行和交通银行
中小商业银行	包括股份制商业银行、城市商业银行

信息来源：银行业监督管理委员会2014年年报（附录6）。

（二）中国人民银行

自2010年1月起，中国人民银行按照国际货币基金组织（货币与金融统计手册）概念、定义和分类，以中国境内各金融机构的本、外币业务统计数据为基础编制货币统计报表。在此报表编制中对中资大、中、小型商业银行的界定范围如下[①]：

中资大型银行指本外币资产总量超过2万亿元的中资银行（以2008年末各金融机构本外币资产总额为参考标准），包括中国工商银行、中国建设银行、中国农业银行、中国银行、国家开发银行、交通银行、中国邮政储蓄银行。

中资中型银行指本外币资产总量小于2万亿元且大于3 000亿元的中资银行（以2008年末各金融机构本外币资产总额为参考标准），包括招商银行、中国农业发展银行、上海浦东发展银行、中信银行、兴业银行、中国民生银行、中国光大银行、华夏银行、中国进出口银行、广东发展银行、平安银行、北京银行、上海银行、江苏银行。

中资小型银行指本外币资产总量小于3 000亿元的中资银行（以2008年末各金融机构本外币资产总额为参考标准），包括恒丰银行、浙商银行、渤海银行、小型城市商业银行、农村商业银行、农村合作银行、村镇银行。

上述中美两国不同机构从不同出发点对不同规模银行的界定标准有所不

---

① 资料来源：中国人民银行2010年年报。

同，本书在接下来对大、中小商业银行的讨论中将标明所依据的划分标准，而本书主要的划分依据是美国货币监理署（OCC）以 10 亿美元对大、小商业银行的划分和中国银监会将国有控股商业银行、股份制商业银行和城市商业银行对应归类为大、中小商业银行这一传统的划分方式。

第三节　美国不同规模商业银行差异化监管政策

一、美国不同规模商业银行资本监管的差异化规定①

在按照时间顺序归纳美国大、小银行差异化资本监管政策的基础上（如表 3 - 3），文章将差异化政策归纳为三种类别进行分析。一是从资本充足率这一指标来看，早期对小银行的资本充足率数值上的要求大于大银行；二是从资本充足性及杠杆率计算中的相关概念入手，逐步调整小银行债务和资本的外延，减小小银行机构的资本监管负担；三是针对大小机构规模、业务范围的不同，尤其是次贷危机爆发出来的大银行的弊端，提高了大银行核心资本充足率的要求，加强了对大银行在市场风险、流动性方面的监管。下面将此三方面的概括对应至特定的差异化政策。

（一）资本充足率要求上的差异——加重小银行资本监管负担

1988 年的巴塞尔协议第一版（Basel Ⅰ）提出风险加权资产充足率要求，1992 年实现了资本与资产的标准比例的全面实施。对大、小银行控股公司资产充足性的不同要求是：小银行控股公司整体合并后的资本充足性达到 well - capitalized 水平②，并且每一个小银行控股公司的存款类附属机构都应该达到

---

① 根据美国联邦法规（12 CFR 225 Y, Bank Holding Companies and Change in Bank Control）规定，自 2006 年 3 月以后，大、小银行控股公司的划分门槛为资产总额 5 亿美元。同时，小银行控股公司需要满足以下条件：①不直接且不通过非银行附属机构，从事重大的非银行类活动；②不直接且不通过非银行附属机构，从事重大的表外活动（包括证券化、资产管理类业务）；③在 SEC（Securities and Exchange Commission）没有注册登记的、大量的没有偿付的债券和股权证券。资产总额超过 5 亿美元或不能满足上述三条件之一的即为大银行控股公司。除另有说明外，下述资本监管政策提及的大、小银行均以此作为划分标准。

② 具体的 well - capitalized 要求是：合并整体水平上，保持 10% 以上的风险加权资本充足率（total risk - based capital ratio）和 6% 以上一级资本风险加权比例（tier 1 risk - based capital ratio）。并且没有面临美联储发布的责令其满足和保持一个特殊资本水平的书面协议、口头命令、资本指令或者迅速更正行为指令。

此资本充足性水平。大银行控股公司一级核心资本充足率（tier 1 risk - based capital ratio）和整体资本充足率（total risk - based capital ratio）的最低要求分别是4%和8%。相对于大机构而言，增大了对小机构的资本监管要求，即增大了小机构为维护足够的资本充足率而需支付的经营成本。

但我们也应看到，与较高的资本充足率相对，美联储在1980年时规定可允许小机构在一定时间范围内有较高的债务与权益的比例。通常情况下，美联储不鼓励利用发债收购银行或其他公司，因为较高的债务会减弱服务其附属机构的能力。但是美联储意识到小银行所有权的转移经常需要使用"收购债务"，为此，美联储允许小银行控股公司扩大债务水平，使得小银行的债务水平的允许值高于大银行，方便了以社区为基础的银行的所有权转移。

（二）调整小银行债务、资本的外延——缓解小银行资本监管负担

虽然对小银行的资本充足率要求偏高，但可喜的是，自2006年以来的差异化政策中，有相当一部分差异政策是通过调整债务和资本的范畴来缓解小机构的监管负担。如，2006年美联储为了与大银行控股公司相比为小银行提供更多的均等待遇，规定小银行控股公司可以从债务中减去数量可高达股权（减去商誉）25%的具有信托优先权的附属债务（subordinated debt associated with trust preferred securities）；且通常情况下，美联储不允许将可赎回的优先股（redeemable preferred stock）视为银行普通股的补充，但是，在下述条件下，美联储允许可赎回的优先股作为小银行控股公司资本账户的股本：①优先股仅是发行者有赎回的特权；②公司债务与股本的比例保持在0.3：1之下。

而且，在次贷危机爆发后，小银行在相关救市政策下得到了注资，且所获得的资金不视为债务，而是视为一级资本金。2009年政策规定，以小公司或互助形式成立的小银行控股公司，将向财政部不良资产处置项目（Treasuary under the Troubled Asset Relief Program，TARP）项目发行的附属债券、向财政部小企业贷款基金（Small Business Lending Fund，SBLF）发行的附属债券，加入一级资本当中，并在考虑债务与股本之比的水平时，此附属债券均不视为债务，使债务与股本之比的水平得到改善。

（三）次贷危机产生新的差异化监管内容——加大对大机构的监管

2007年年底，根据巴塞尔协议第二版提出了包括信用风险内部评级法

（Advanced Internal Ratings – based Approach，IRB）和操作风险高级测量法
（Advanced Measurement Approaches，AMA）的高级法框架，这一规定是针对
大、国际活跃银行组织①，为其提供了资本与风险更加合理匹配的新监管资本
机制。在高级法实施的 36 个月（三年，至 2010 年年底）的过渡期内设置了
最低风险资本要求的下限②，而 2010 年的多德 – 弗兰克法案（Dodd – Frank
Wall Street Reform and Consumer Protection Act，Dodd – Frank Act，2010）规定，
大型、国际活跃银行组织取消原有过渡期的风险资本下限要求，重新规定了
永久性的风险资本要求的下限（a floor for the risk – based capital requirements），
规定使用高级法存款类机构的最低风险资本要求不得小于标准法下的风险资
本要求，限制了大机构未来将会发生的资本要求的下降空间。

　　而且，根据次贷危机所爆发出的大机构风险特征和巴塞尔协议第三版
（Basel Ⅲ）的相关规定，美联储在 2009 年和 2010 年，两次针对合并后的交
易资产大于总资产 10% 或者交易资产达到 10 亿美元的银行③的市场风险规定
进行修正，加大对较大机构市场风险的监管；并在 2012 年 1 月根据 2010 年的
多德 – 弗兰克法案，发布加强对特定银行公司谨慎性标准的要求。对于合并
资产总额在 500 亿美元以上的银行控股公司要求一级风险资本比率 5% 以上，
并将实施风险加权资本附加收取（risk – based capital surcharge）的规定，同
时根据 Basel Ⅲ 流动性规定发布实施定量流动性管理的新要求；此外，2011
年 8 月，美联储要求合并资产总额在 500 亿美元以上的银行控股公司提交年
度资本计划，目的是保证机构有稳健、前瞻性的资本规划，明确在各自特定
风险下进一步的经营行为（表 3 – 3）。

　　总体来看，在次贷危机后，监管机构从资本充足率要求、市场风险和流
动性风险检测，以及通过年度资本计划的方式加大了对大银行的监管。

---

　　① 实施高级法的核心银行的标准：最近一年的监管报告中显示合并总资产至少 2 500 亿美元，且
表内的国外风险暴露（foreign exposure）至少 100 亿美元，或者这个银行的母银行或者一个附属机构使
用高级法。

　　② 在此限制下，需要同时计算如下两种情况下的资本充足率，一是高级法下的资本充足率，二是
在标准法下，且在标准方法下的风险加权资产分别在这第一、第二、第三年的过渡期内乘以 95%、
90%、85%。这两种方法计算下的一级风险资本比率和全部风险资本比率均不得低于 4% 和 8% 的最低
资本要求。

　　③ 根据小企业协会（Small Business Administration）对小机构的界定（法规 13 CFR 121.201），小
机构是指资产小于 1.75 亿美元的银行或银行类控股公司，则没有一家小银行机构符合这一市场风险修
订条例的使用范围，所以小机构不适用于此市场风险的调整规定。

表3-3 美国不同规模商业银行资本监管差异化规定总结

时间	描　　述	信息来源（法规编号）
1980年	提高小银行的债务权益比的限制值，方便社区为基础的小银行所有权的转移。通常美联储不鼓励利用发债收购银行或其他公司，因为较高的债务会减弱服务其附属机构的能力。但是美联储意识到小银行所有权的转移经常需要使用"收购债务"，为此，美联储允许小银行控股公司扩大债务水平，使得小银行的债务水平允许值高于大银行。在此政策下，小控股公司使用的债务数量可达拟收购的价格的75%（即可能债务与权益的比例高达3:1），但是必须要求：①此过程所举债务需在25年内还清；②12年内使债务和权益的比降至0.3:1；③每个附属的被保险机构的资本水平均达到well-capitalized；④债务与权益之比达到1:1后才可以分红	12 CFR 225 Y
1992年	小银行资本充足率要求大于大银行。1992年实现了资本与资产的标准比例的全面实施，对大、小银行控股公司资产充足性的不同要求是：小银行控股公司整体合并后的资本充足性达到well-capitalized水平，并且每一个被保险的小银行控股公司的存款类附属机构都应该达到此水平。大银行控股公司一级资本充足率（tier 1 risk-based capital ratio）和整体资本充足率（total risk-based capital ratio）的最低要求分别是4%和8%	12 CFR 225 Y
2006年	具有信托优先权的附属债务被视为一项债务。特别是，这类附属债务被视为债务的一部分来决定是否：①小银行控股公司的收购债券总额是否达到购买价格的75%；②小银行控股公司的债务和权益的比是否高于1:1。但是，在考核小银行控股公司是否符合"12年内债务减份"和"25年内债务还清"这两个条件时，此类附属债务不能计入	12 CFR 225 Y
2006年	小银行控股公司可以从债务中减去数量高达控股公司股权（减去商誉）25%的具有信托优先权的附属债务	12 CFR 225 Y
2006年	将可赎回的优先股视为小银行控股公司中的普通股的补充。在以下条件下，美联储考虑可赎回的优先股作为小银行控股公司资本账户的股本：①优先股仅是发行者有赎回的特权；②控股公司债务与股本的比例保持在0.3:1之下	12 CFR 225 Y

续表

时间	描　　述	信息来源 （法规编号）
2007 年	Basel II 中对大型、国际活跃银行组织新的风险资本要求的更正。Basel II 资本协议高级法框架要求符合一定规定的大型、国际活跃银行采用高级法计算风险加权资本要求，为大型、国际活跃银行构建了一个监管的新的监管资本机制。高级法的实施使美国出现了分叉式的监管资本框架，一部分银行机构实行高级法（高级法机构），另一部分不适用高级法（一般标准的银行机构），不实施高级法的银行机构在标准法下，对于零售类风险暴露和小企业贷款实行较低的风险权重	12 CFR 225 Y 12 CFR 3
2009 年	将特定的资金援助视为一级资本。以小公司或互助形式成立的小银行控股公司，向财政部不良资产处置项目（TARP）项目发行的附属债券加入一级资本当中，并在考虑债务与股本之比的水平时，将发行给不良资产处置项目（TARP）项目的附属债券不视为债务	12 CFR 225 Y
2009 年	对特定范围大机构市场风险的规定。鉴于次贷危机的教训及 Basel III 规定，针对交易资产占总资产 10% 以上的或者交易资产超过 100 亿美元的银行，修订了 2004 年巴塞尔协议中有关市场风险管理规定。在银行使用内部模型测量市场风险上提出了更谨慎的要求，要求其加强定量和定性的信息披露，尤其是对于银行的证券化活动；增长了对非证券化信用产品的信用风险转移的资本要求；并对现存框架下的以 VaR 为基础的资本需求增加了新的内容规定	12 CFR 3
2010 年	对特定范围大机构市场风险的修订。2010 年 6 月巴塞尔委员会会仍针对交易资产占总资产 10% 以上的或者交易资产超过 100 亿美元的银行，设定了市场风险的风险资本要求的下限，主要目的是加强对风险的敏感程度，解决顺周期的问题，增强披露的透明性，尤其是对于交易型信用产品的风险敏感性，比如 CDSs、资产支持证券，以及其他结构性、缺乏流动性的产品	12 CFR 3

续表

时间	描 述	信息来源（法规编号）
2010 年	建立风险为基础的资本要求下限。多德－弗兰克法案规定，大型、国际活跃银行组织建立风险资本要求的下限。对于使用高级法的存款类机构的最低风险资本要求不得小于标准法下的风险资本要求，阻止了未来将会发生的资本要求的下降幅度。这一规定取消了 2007 年高级法在转换期的下限规定，取而代之的是永久性的下限，此下限是在标准法计算下的一级风险资本和全部风险资本要求。也就是说，同时要求每个使用高级法的银行业机构分别计算在标准法下和高级法下的最低资本要求，并计算出相应的一级风险资本和全部风险资本的比率，其中两种方法下较小的一个必须满足 4% 和 8% 的要求	12 CFR 3 12 CFR 225 Y
2011 年	将特定的资金援助视为一级资本。以小公司或互助形式成立的小银行控股公司，向财政部小企业贷款基金发行的附属债券，不视为债务的一部分	12 CFR 225Y
2011 年	要求较大银行控股公司向美联储上交年度资本计划。美联储要求合并资产总额在 500 亿美元以上的银行控股公司提交年度资本计划，监控并保证金融机构即使在不利的经济环境下，也有充足的资金借贷给家庭、企业	12 CFR 225 Y
2012 年	美联储根据多德－弗兰克法案发布加强对特定银行公司谨慎性标准的要求。对于合并资产总额在 500 亿美元以上的银行控股公司。在风险资本和杠杆要求上：第一，保持资本充足性，一级风险资本比率 5% 以上；第二，美联储根据巴塞尔协议银行监管要求，发行并将实施风险加权资本附加收取的规定。在流动性要求上：首先机构应根据 2010 年 3 月多机构发布的流动性风险管理指引（ interagency liquidity risk-management guidance），满足对定性的流动性风险管理的要求标准，其包括进行内部流动性风险压力测试，建立内部定量的流动性风险限值；而后美联储将会根据 Basel Ⅲ 流动性规定，发布更多的实施定量流动性管理的要求	12 CFR 252 YY
2014 年	美联储对多德－弗兰克法案进行补充修订，对提供信用资助的小金融机构的界定标准从资产规模小于 3.55 千万美元调整至 5 亿美元	12 CFR Part 201

从上述大小银行的差异化资本监管规定出台的先后顺序来看，恰好这三类差异化政策符合一定的时间规律。在 2005 年之前，对小银行特定的资本要求加大了小银行机构的资本监管负担；而在 2005 年之后直到 2008 年次贷危机爆发，监管机构通过调整债务和资本范围减小了对小银行机构的资本压力，使整个资本监管的环境较为宽松；而在 2008 年次贷危机爆发后，与小银行机构相比，监管机构根据次贷危机爆发出的大银行风险特征，着重加大了对大银行机构的资本监管。换言之，对大、小银行的资本监管经历了逐步放宽小银行、加大大银行资本要求的差异化过程，而这一过程的演进符合不同阶段不同规模银行所表现出的风险特征，注重风险防控的同时也对大、小银行的经营绩效产生不同的影响。

二、美国不同规模商业银行分支（附属）机构准入的差异化规定①

1994 年里格尔 – 尼尔州际银行法案（Riegle – Neal Interstate Banking and Branching Efficiency Act, 1994）掀开了美国银行业跨地域设立和收购分支附属机构的序幕。在表 3 – 4 对美国大小银行分支机构准入差异化规定总结的基础上发现，除了在 2000 年对"国家牌照银行持股金融附属机构"规定中要求前 100 家大银行发行过的债券获得公认评级机构前三类评级外，从法律对跨州设立分支机构的要求中没有直接明确指出对不同规模银行准入条件的不同。但观察 1994 年和 2000 年对分支机构设立和金融附属公司持有的准入条件，其均要求银行机构满足资本充足性要求、符合当地州的法律规定外，一个重要的共同点是满足社会在投资法案（Community Reinvestment Act, CRA）的评级要求，因此 CRA 法律中对大小银行评定内容的差异间接地反映了监管机构对不同规模银行在设立分支机构上不同的监管态度，下文将从 CRA 法律规定变化入手寻找不同规模银行分支机构准入规定的差异。

此外，监管机构对于国家牌照和州牌照的银行，投资或设立服务于小企业、低收入个体和地区的社区发展金融机构的准入监管予以免除，可以不经过相应监管部门的审批，促进了金融机构对弱势群体的资金支持。由于社区银行主要客户群体是小企业、中低收入群体和特定的社区，因此相对于大银

---

① 在此先不对节中所指大、小银行的范围进行界定，因在文中不同法规下有不同的界定标准，将会一一指明。

行而言，这些监管规定的放宽对社区银行的影响更大，能更大程度上促进社区银行主要客户群的拓展和重点业务的发展。

表3-4 美国不同规模商业银行分支（附属）机构准入的差异化规定总结

时间	描述	信息来源（法规编号）
1994 年	里格尔-尼尔州际银行法案允许银行和银行控股公司在任何州范围内购买银行或建立附属银行。允许国家牌照的银行跨越州的界限开立分支机构或将附属银行转为分支机构。并规定一个银行申请跨州新设分支机构应满足的条件：①满足当地州的材料的要求；②在材料提交和分支机构开立时刻达到充足的资本水平和管理水平；③OCC 也必须考虑该银行的 CRA 记录，是否达到满意（satisfactory）评级（CRA 对机构的评定设立了四个等级 outstanding、satisfactory、needs to improve、substantial noncompliance）	12 CFR 5
1999 年	为阻止银行以吸收存款为目的建立和合并跨州银行，1999 年的格雷姆-里奇-比利雷法（Gramm-Leach-Bliley Act，GLB Act，1999）（即金融服务现代化法案）提供了存款和贷款比例的甄别方法，来决定设立的银行分支机构是否符合了其所服务社区的信用需要。具体方法是比较一个银行在该州范围的存贷比例（BSLD）与该银行在母州（host state[1]）存贷比（host state loan-to-deposit ratio），如果前者至少是后者的一半，则符合规定；如果不满足一半，就要求银行监管机构决定该银行跨州分支机构是否满足了此社区的信用需要。如果一个银行不能保持充足的 BSLD 水平，则会受到监管的惩罚，包括拒绝其在该州设立分支机构的申请	见注[2]
1999 年	州牌照的银行做以下投资时不需要经过美联储的批准：①投资于社区发展金融机构（community development financial institution）[3]；②直接或间接、从事或者通过贷款服务于中低收入地区或中低收入人群的金融服务活动	12 CFR 208

续表

时间	描述	信息来源 （法规编号）
2000 年	国家牌照银行间接或直接，控制或持有金融附属机构（financial subsidiary）股份应满足的条件：①国家银行及其每个存款分支机构满足充足的资本水平和管理水平，且银行及其每个存款类机构必须接到 CRA 满意以上的评级；②这个国家银行的所有金融附属公司的合并资产总和不能超过母银行总合并资产的 45%，或者 500 亿美元；③如果这一国家银行是前 100 家大银行，至少发行过一次由国家公认的评级机构评定的处于前三类评级水平的债券。如果是这前 100 家大银行中的后 50 名银行，则可以满足这个条件，也可以满足财政部和美联储做出的其他规定	12 CFR 5
2000 年	银行在投资（控制或非控制）以下附属机构时，不需要 OCC 的批准：①小企业投资公司（small business investment company，SBIC），但银行购买 SBIC 的股票投资不得超过该银行资本及盈余的 5%；②社区发展公司（community development corporation），其主要服务于低中收入个体、低中收入地区和其他政府意于发展的地区[4]	见注[5]

注：1. 对于州牌照的银行或者 FDIC 监管的储蓄银行，其 home state 指其注册的州。对于国家牌照的银行，其 home state 是指银行总部所在地。监管机构会公布每年的 host state loan‐to‐deposit ratio。

2. OCC, "Comptroller's Licensing Manual‐Branches and Relocations", 2009, 10.

3. 这一机构的内涵是：①主要任务是促进社区发展；②服务于特定地区或人群；③通过股权投资或贷款、附属机构投资提供社区发展服务；④非国家或州政治部门的手段。该定义来源于 Community Development Banking and Financial Institutions Act of 1994（12 U. S. C. 4702（5））。

4. 低中等收入地区的含义：在城市地区，经家庭规模调整后，若该地区中等家庭收入低于城市地区平均中等家庭收入 80%，则为低中等收入地区；在非城市地区，若该地区中等家庭收入低于全州平均中等家庭收入 80%，则为低中等收入地区。低中等收入人的含义：是指收入没有超过整个地区中等收入的 80% 的家庭或个人。其中低收入人是指没有超过该地区中等收入水平 50% 的家庭或个人。（该定义信息来源于 42 U. S. C. 5302（a）（20）（A））。

5. OCC Comptroller's Licensing Manual, "Investment in Subsidiaries and Equities", 2008, 7.

（一）社会再投资法案（CRA）对大小银行评定的差异

为了使银行在贫困社区吸收的存款投资在贫困社区，1977 年美国发布了社区再投资法（Community Reinvestment Act，CRA），通过对金融机构的 CRA 评分来评定是否满足对当地社区（地区）发展的金融需要；并在 1995 年做出明确的规定，将 CRA 评分纳入考虑银行对于开设新的分支机构、更换现有分支机构、兼并联合，以及其他公司活动的申请中。

CRA 对大、小银行评定的差异主要通过 2005 年对银行规模界定范围的调整和评估内容的变化两方面来体现。一方面扩大了小银行规模界定的范围，使更多的社区银行成为减轻监管负担的对象；另一方面，通过免除数据报告制度和精简评估项目减少了资产 10 亿美元以下银行的监管内容（如表 3 - 5）。

表 3 - 5　美国 CRA 法案差异化监管规定总结

时间	描述	信息来源（法规编号）
1977 年	1977 年美国发布"社区再投资法"（Community Reinvestment Act, CRA）。国会要求联邦金融监管机构评估金融机构的 CRA 分数，促进其满足当地社区（地区）发展的需要	12 CFR 228 BB
1995 年	对 CRA 法律适用范围、相关定义和评估的应用做了具体规定。适用范围：CRA 适用于具有 FDIC 存款保险的存款类金融机构，但其不适用于特殊目的银行①。CRA 评级对银行业务申请的影响，OCC 将银行的 CRA 表现作为以下业务申请时的考虑因素：①建立国内分支机构；②主要办公地和分支机构变更位置；③具有保险的存款金融机构的兼并、合并、购买资产或承担负债	12 CFR 228 BB
2006 年	提高了小银行的规模门槛标准至 10 亿美元，将资产规模在 2.5 亿美元和 10 亿美元之间的小银行定义为"中等小银行（intermediate small banks）"，并且每年根据 CPI 调整定义小银行（small banks）和中等小银行（intermediate small banks）的资产标准。此消费物价指数为 Consumer Price Index for Urban Wage Earners and Clerical Workers（CPIW），并在每年 11 月公布，调整周期是 12 个月。以最近一期经调整后的界定标准为例，2012 年 1 月 1 日起，银行或储贷协会（savings associations），只要前两年中有一年 12 月 31 日时资产总额小于 \$1. 160 billion，即被界定为"小银行"或"小储贷协会"，其中前两年中只要有一年 12 月 31 日时资产总额大于 \$290 million 小于 \$1. 160 billion 的"小银行"或"小储贷协会"被界定为"中等小银行"或"中等小储贷协会"	12 CFR 228 BB

① 所谓特殊目的银行是指不面对公众提供商业、零售信贷业务，而是有其特定目的的操作，例如银行家的银行。

续表

时间	描述	信息来源 （法规编号）
2006 年	中等小银行的零售银行服务不再作为独立的服务检测项目，而对于低收入和中等收入人群的服务考虑在社区发展检测（community development test）中。概括而言，从不同规模机构具体评估内容的异同来看，对小银行（非中等小银行）的评估仅有贷款考核（Lending test）；对于中等小银行，在小银行的贷款考核（lending test）中加入社区发展考核（community development test）的要求；对于大银行，除了贷款考核（lending test）外，又设有了对投资考核（investment test）和服务考核（service test）的要求。（具体各项内容的差异如下分析）	见脚注①

1. 扩大了对小银行规模界定的范围

2005 年将小银行的规模门槛标准提高至 10 亿美元，其中将资产规模在 2.5 亿美元和 10 亿美元之间的小银行定义为中等小银行（intermediate small banks），并且每年根据 CPI 调整定义小银行（small banks）和中等小银行（intermediate small banks）的资产标准。提高划分标准中的资产门槛以减少更多的小银行机构的监管负担。

2. 调整不同规模银行的评估内容

一方面，在数据报告和记录保管的要求上，与大银行相比，小银行不必再报告发起、购买小企业、小农场和社区发展贷款，也没有规定对于小银行社区发展贷款、有效投资、社区发展服务的要求比例。

另一方面，在 CRA 评级的评估项目上，精简了对小银行机构的考核项目。对小银行（非中等小银行）的评估仅有贷款考核（lending test）；对于中等小银行，在小银行的贷款考核（lending test）中加入社区发展考核（community development test）的要求；对于大银行，除了贷款考核（lending test）外，又设有对投资考核（investment test）和服务考核（service test）

---

① OCC，FRB，FDIC，"Small Institution/Intermediate Small institution/ Large Institutions CRA Examination Procedures"，2006，2.

的要求。下面，我们具体分析各不同规模银行 CRA 评级项目在内容上的差异①。

首先，对各类机构的 CRA 评估均包括的贷款考核内容做进一步的比较分析；然后，再具体观察仅针对大银行 CRA 评定的投资考核和服务考核。

（1）小银行 CRA 评估中贷款考核（lending test）内容的对比分析

从各评估项目具体内容来看，针对大银行的贷款考核内容更加详细和具体。在整体贷款活动要求上，小银行着重于评估地区存贷比，而大银行则要求其评估地区每一种贷款的笔数和金额；在贷款地理分布上，除了两者均含有的对评估地区内外、评估区域内不同收入地区贷款活动的比较外，还要求对大银行比较其不同收入地区的中小企业及农业贷款的笔数和数量，以及其他贷款人在这些地区的渗透能力；在不同借款人的分布上，除了要求两者均公布不同收入群体的贷款情况外，明确规定了大银行需公布的商业和农业小额贷款的四个贷款金额区间，以及对年收入小于 100 万美元的小企业贷款数量与全部小企业贷款总量的比较。

此外，注重大银行在创新和灵活性贷款实践上的使用，考虑大银行是否通过提供创新性或灵活性的信用产品开展对低收入和中等收入人群或地区的信贷活动；而注重小银行处理投诉的情况，是否面对评估地区信贷投诉采取了实质性的、创造性的解决方法或反应行动（如表3－6）。

表3－6　大、小银行 CRA 评估中贷款考核内容的比较分析

贷款考核			
大银行		小银行（包括中等小银行）	
项目	具体内容	项目	具体内容
整体贷款活动	识别机构的贷款资料，包括在评估地区的每一种贷款的笔数和金额。评估其贷款资料时需考虑机构的资源和商业战略，同时包括经营环境，如地区的人口、收入、住房和商业数据	存贷比	在考虑银行大小，金融环境和评估地区的信用需求基础上，分析存贷比是否合理

① 总体来看，对三类银行的 CRA 评级分为四个等级 outstanding、satisfactory、needs to improve、substantial noncompliance。

续表

贷款考核			
大银行		小银行（包括中等小银行）	
项目	具体内容	项目	具体内容
地理分布	评估地区内、外的贷款的笔数、金额和贷款占比	地理分布	评估区域内的信贷百分比
	评估范围内，低收入、中等收入、高收入三个地区的贷款笔数、金额及贷款占比；比较三类不同等级收入地区的<u>中小企业及农业贷款的笔数和数量；比较其他贷款人在这些地区的渗透能力</u>		考察机构在此评估地区的贷款的地理分散情况。收集收据比较机构在评估范围内低收入、较中等收入、中等收入、较高收入（low－，moderate－，middle－，upper－income）四类地区的贷款的地理分布
借款人情况	在评估范围内低收入、较中等收入、中等收入、较高收入（low－，moderate－，middle－，upper－income）四类借款人的贷款笔数、金额和占比。	借款人情况	收集评估地区内借款人的收入（借款企业的收入和资产规模）情况，比较贷款在不同收入借款人（包括低收入和中等收入）和不同规模借款企业间的分布情况
	<u>给出商业和农业的小额贷款的在如下四个贷款金额区间的分布：小于 $100 000；大于 $100 000 小于 $250 000；大于 $250 000 但小于等于 $1 000 000</u>		
	<u>对年收入小于 100 万美元的小企业的贷款与小企业贷款总量的比较</u>		
<u>创新和灵活性贷款实践的使用</u>（Use of <u>innovative or flexible lending practices</u>）	评估机构是否通过提供创新性或灵活性的信用产品较强对低收入和中等收入人群或地区的信贷活动。其中包括是否提供了以前没有使用过的信贷产品给低收入和中等收入的借款者；并且这一创新产品在笔数和金额上都取得成功	<u>面对投诉的反映情况</u>	银行是否面对评估地区信贷投诉采取了实质性的、创造性的解决方法或反应行动

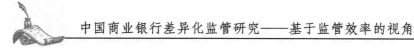

续表

贷款考核			
大银行		小银行（包括中等小银行）	
项目	具体内容	项目	具体内容
社区发展贷款（Community development lending）	考察机构地区发展贷款（community development loans）的笔数和金额。利用所获得的背景信息，尤其是有关社区信用需要和机构能力，估计社区发展贷款的范围、创新性和复杂性，以用于决定机构所具有的提供社区发展贷款的机会、机构提供社区发展的贷款的责任	中等小银行的社区发展考核（Community Development Test）	考察社区发展贷款、投资和社区发展服务的次数和金额。其包括该银行分支机构、参与的银团贷款或通过第三方进行的社区贷款。并且要识别出这些社区发展贷款、投资和服务是否符合促进社区发展的条件。同时，需要考虑银行的资本，评估地区社区发展的需要和为其提供这一机会的可行性

注：下划部分为两者有差异之处。

（2）大银行CRA评估中特有的投资考核和服务考核

大银行CRA评估内容的独特性，不仅表现在贷款考核内容的全面上，更重要的是大银行独有的投资考核和服务考核。前者是考察大银行的有效投资组合对社区发展的影响程度，后者则着重考虑具体的业务服务上是否满足当地的需求（如表3-7）。

表3-7　大银行CRA考核中的投资考核和服务考核

项目	具体评估内容
投资考核	
查看机构的投资组合	评估投资表现时主要考察：是否投资组合对评估地区有益；对评估地区机构的投资的数量，并考虑机构的能力和限制因素，以及评估地区的特点和需要；是否使用了其他投资者不曾提供的创新性的投资
评价标准	概括起来为四点：①有效投资（qualified investment）的笔数和数量；②有效投资的创新性和复杂性；③多大程度上，这些中了的投资没有被其他投资者习惯性地提供；④对可能的机会，有效投资的反应程度

续表

项目	具体评估内容
服务考核	
零售银行的服务	机构的分支机构在低收入、较中等收入、中等收入和高等收入地区的分布情况；银行的服务，包括营业小时和存贷款产品，如果银行的服务在各类不同收入地区有实质性的差异，需要给出解释
	在两次评估期间，机构开立和关闭分支机构的记录，并估计这一改变带来正面的还是负面的影响，尤其是对低收入和中等收入地区或个人
	估计各类银行服务系统的可得性和使用情况，如ATM，电话和电脑网上银行，在低收入和中等收入地区和人群的使用
	评估提供在低收入、较中等收入、中等收入和高收入地区的机构服务系统的数量、质量和可获得性，多大程度上方便和满足各类地区的服务需求，如延长营业时间，包括周末、晚上，或者提供预约，在特殊地区提供双语服务等
社区发展服务	机构提供社区发展服务的范围；对社区发展服务的创新性和反应程度

从上述对比分析来看，大、小银行 CRA 法律评定内容差异的主要体现在：一方面在数据报告和记录保管的要求上，与大银行相比，小银行不必再报告发起、购买小企业、小农场和社区发展贷款，也没有规定对于小银行社区发展贷款、有效投资、社区发展服务的要求比例。这一改变为小银行节约了因报告工作产生的成本，给予小银行在社区发展资源分配上的弹性，这并不意味允许银行忽略社区发展贷款，相反，监管机构希望银行能够恰当地估计社区的需求，根据社区的发展要求和自身的能力，从事不同类型的社区发展活动，逐步地根据战略性为社区需要提供社区发展资源。

另一方面，在 CRA 评级的评估项目上，除了贷款考核外，出于对大银行较广泛的业务范围的考虑，大银行比小银行增多了对投资考核和服务考核的要求。而即使在两者都有的贷款考核上也存在内容上的差异，大银行在贷款占比、贷款地理分布、贷款人分布上的要求更加细致和全面；此外，监管机构注重大银行在创新和灵活性贷款实践上的使用，评估机构是否通过提供创新性或灵活性的信用产品对低收入和中等收入人群或地区提供信贷活动；而注重小银行处理投诉的情况，是否面对评估地区信贷投诉采取了实质性的、创造性的解决方法或反应行动。

（二）对不同规模银行分支（附属）机构准入规定差异的总结

1. CRA 评估差异是不同规模银行分支机构准入规定差异的主要表现

上述已提及，监管机构对于银行分支机构设立和合并的一个重要条件是要求 CRA 评级达到满意以上，因为对准入的要求即转化为对 CRA 评级的要求，换言之，上述大、小银行在 CRA 评级内容上的差异恰是两者分支机构准入条件的差异。由上述两段对大、小银行 CRA 评级内容不同的分析和总结来看，无论是在对小银行数据报告、记录保管要求的免除上，还是在对小银行具体评估内容的简化上，都显示出监管机构减少了对于小银行在 CRA 评级上要求，减小了其监管负担，在一定程度上即表现出监管机构对于小银行分支机构设立条件的放宽。

2. 较大银行的外部评级作为准入的参考条件

由于较大银行债券发行、市场交易等活动频繁，通常具有最新的外部评级机构的评定信息，监管机构即借此将国家牌照的较大银行的外部评级数据作为其控制或持有金融附属机构的一个条件。规定如果这一国家牌照的银行是前 100 大银行，应至少发行过一次由国家公认的评级机构评定的处于前三类评级水平的债券。如果是这前 100 大银行中的后 50 名银行，则可以满足这个条件，也可以满足财政部和美联储做出的其他规定（见表 3 - 4）。

3. 免除对服务于小企业或低收入社区的金融服务机构的准入监管

此外，监管机构对于国家牌照和州牌照的银行，在投资或设立服务于小企业，或低收入个体和地区的社区发展金融机构时的准入监管予以免除，可以不经过相应监管部门的审批（见表 3 - 4）。由于社区银行主要客户群体是小企业、中低收入群体和特定的社区，因此相对于大银行而言，这些监管规定的放宽对社区银行的影响更大，能更大程度上促进社区银行主要客户群的拓展和重点业务的发展。

三、美国不同规模商业银行风险监测指标的差异化规定

为了监管方便，美国货币监理署（OCC）将国家银行（National bank）制定划分为大银行（Large bank），中等规模银行（Midsize bank）和社区银行（Community bank）。OCC 为实践有差异的监管，分别制定了两类监管规章：Large Bank Supervision Comptroller's Handbook 和 Community Bank Supervision

Comptroller's Handbook，前者针对大银行和中型银行，后者专门针对社区银行，两者以资产规模是否超过 10 亿美元为分界。对比两类规章发现，OCC 在对大银行（包括中等规模银行）和社区银行的信用风险、利率风险、操作风险和流动性风险监管衡量指标上有所差异，现对此差异做如下对比分析。

（一）大中、小（指社区银行）银行信用风险监测指标比较

监测指标见表 3-8：

表 3-8　大中、小银行（指社区银行）信用风险监测指标比较

定量分析		定性分析	
大中银行	社区银行	大中银行	社区银行
当前和未来的风险敞口占收益和资本的比例	未偿付贷款占总资产和总权益资本的比例	信用政策全面确定了风险容忍度、职责和应作的解释说明。所有各方面的信用政策可以有效交流。管理是有效的并可以确定资产组合的风险，包括与信用结构、免责条款和集中度相关的风险	有一个清晰健全的信用文化。领导政策有效的建立和交流资产组合目标、风险容忍度、贷款包销和风险选择标准（包括表内外资产情况）。战略和商业计划表现出的风险偏好，以及是否促进了一个风险和利润增长的较好的平衡。董事会和管理层对风险有很好的沟通和理解。集中度设定在一定的水平。银行要识别并报告集中的风险暴露和限制、减少和缓解风险的活动。管理者要识别且能理解相关敞口的风险。新的贷款产品是否在实施前经过了详细的调查、测试、审批

续表

定量分析		定性分析	
大中银行	社区银行	大中银行	社区银行
信用风险敞口所反映出的风险选择偏好和风险结构	已有的或最近的信用扩张所显示出来的风险选择的水平。跨类别的分布所表现出的风险倾向。一些有时滞的指标，如未还贷款、非计息项目的风险变化情况	信用评级过程是否被详细地界定、很好地理解，并保持一致性	内外部的风险评级、问题贷款的预览和识别系统是否准确和及时，对特殊关注等级贷款的管理是否存在问题；系统可以有效地将问题贷款的信用风险分层；可以作为一个有效的早期的预警工具并支持风险定价、贷款损失拨备和资本分配过程
风险敞口是否分散投资于不同的投资等级和借款者	银行投资组合分散化，有没有大的单一的集中或几个中等程度的集中。集中水平是否在内部的极限范围内	信用分析全面并及时。风险的度量和监管系统健全并允许管理者实施恰当的行动对资产质量和市场条件变化做出反应	全面及时和定期的信用分析
有问题信用量占资本的比例高低情况，并且是否可被正常的商业活动过程解决。信用相关的损失是否会严重影响当前的准备金	贷款损失与总贷款的比例；贷款和租赁的损失拨备水平；准备金的费用成本变化情况。银行的成长、扩张、重建和再融资行为是否会带来对有关问题贷款、未付贷款、不良贷款和损失数量报告准确性和透明性的担心	内控系统健全有效。水平、素质、内部贷款审批流程的独立性所代表的较为有效的内部系统。个人具有的广泛的技术和管理经验	管理是否有效。贷款管理和个人所具备的充足经验可有效管理风险。责任陈述清晰，当出现问题时有恰当的补救和更正行动。员工的水平和经验与贷款组合的大小、复杂程度是否匹配。职工流动率和有序的职位转化。员工的培训项目

续表

定量分析		定性分析	
大中银行	社区银行	大中银行	社区银行
	增长速度是否与当地的经济增长、民主趋势和竞争水平相匹配；包括表外活动在内的增长率是否与管理水平、员工的经验和经营能力相一致	信息处理系统（人工或自动）满足一定数量且复杂的活动的需要。管理信息系统正确、及时、完整，并为详实的管理决定提供必要的相关信息	
	银行收入是否多样化，其中包括贷款收益率水平，风险和收益的平衡程度；有关包销、代销的政策是否合理，包销和代销而产生的贷款与银行原有资产组合的意图是否相符		
	贷款文件和担保品的免责条款是否较多，以及对风险损失的影响大小		

注：下划部分为两者相对比增加或有所不同的监管评估指标。

1. 定量分析指标上

在对大中、小银行信用风险定量的监测指标上，均关注两者的资本的充足性指标、风险结构和风险偏好、投资的集中情况、不良贷款占比及贷款损失准备情况。除这些共同指标外，相对于大中银行，监管机构对于社区银行信用风险有更多方面的定量检测，其对社区银行特殊的关注点是：

该银行的增长速度是否与当地的经济增长、民主趋势和竞争水平，及自身的管理水平、员工的经验和经营能力相一致。

银行收入是否多样化，其中贷款收益率水平，风险和收益的平衡程度；有关包销、代销的政策是否合理，包销和代销而产生的贷款与银行原有资产组合的意图是否相符。

　　贷款文件和担保品的免责条款是否较多，以及对风险损失的影响大小。

　　2. 定性分析指标上

　　在对大中、小银行信用风险定性的监测指标上，首先，两者均强调了信用政策和信用文化的重要性，其中包括对具体的风险选择标准、风险容忍度、信用结构等内容界定，以及管理层有效的沟通机制。而有别于大中银行，社区银行的信用政策需要体现出"是否及如何对新的贷款产品进行调查、测试和审批"。

　　有关信用评级过程方面，对社区银行的检测，重点强调了问题贷款的预览和识别的问题，查看其对特殊关注等级贷款的管理是否存在问题，以及其是否有系统可以有效地将问题贷款的信用风险分层，作为一个有效的早期的预警工具并支持风险定价、贷款损失拨备和资本分配过程。

　　在内部治理方面，着重加强对社区银行员工水平的关注，查看社区银行的员工的水平和经验与贷款组合的大小、复杂程度是否匹配，职工流动率、有序的职位转化，以及员工的培训项目。

　　而对于大中银行特殊的监管之处在于其信息处理系统（人工或自动），是否满足一定数量且复杂的活动的需要。管理信息系统是否能正确、及时、完整，并为详实的管理决定提供必要的相关信息。

　　（二）大中、小（指社区银行）银行利率风险监测指标比较

　　各类银行利率风险监测指标比较如表3-9所示。

表3-9　大中、小（指社区银行）银行利率风险监测指标比较

定量分析		定性分析	
大中银行	社区银行	大中银行	社区银行
风险敞口面临的再定价、收益率曲线和再投资选择的风险大小。相对于利率的变化，当前和未来的利润和资本相对变化的敏感程度	随着收益率曲线形状和水平变化而带来的潜在风险	利率风险管理的政策详实且可有效地交流，包括责任、风险容忍度和风险极限	董事会政策详实，有效地用于内部收益率 IRR 管理、功能责任、风险容忍度的可交流的纲领

续表

定量分析		定性分析	
大中银行	社区银行	大中银行	社区银行
没有重大的长期错配的存在	长期错配状况不明显存在，短期的风险敞口较为容易调整以控制风险。是否有低成本、稳定无期限的存款，用于吸收和抵消来自于长期再定价错配或选择的风险	管理者可从利润和经济角度充分了解利率风险的各个方面。管理者可预期并对市场条件的变化做出迅速反应	管理水平表明彻底理解IRR。管理者能恰当地对不利条件或经济环境的改变做出恰当的反应。同时<u>包括对新产品、新服务和系统的风险管理和识别</u>
	<u>12个月中潜在的风险敞口相对于收益和资本的变化比例不超过上下2个百分点</u>	信息过程（人工或自动的）满足活动的数量和负责性。信息管理系统所提供的信息是正确的、及时的和完整的，为管理决策提供相关的必要信息	信息管理系统提供关于IRR的及时、正确、完整的信息，IRR对于某些银行处于恰当的水平
	<u>相对资产和负债定价的多样指数是否存在风险敞口，例如伦敦同业间拆借利率LIBOR，恒定期限国库券CMT指数，以及资金成本指数COFI</u>	极限结构（limit structure）提供了在正常和不利情形下，相对于收益和资本的风险参数	风险极限结构是否清晰反映了在董事会风险容忍度范围内的相对于收益和经济价值的风险参数
	<u>服务资产的数量和复杂性是否显著，是否随着利率变化而变化</u>	风险测量工具的设计和辅助技术，包括模型，满足活动的规模和复杂程度。假设、软件和数据输入是存档的，并可独立地测试和更正以保证测量风险工具的准确性	风险管理过程应与表内外风险资产的规模和复杂性相关。数据的输入过程是有效的并能保证信息管理的准确和公正。假设是合理的且很好地记录下来。<u>内部收益率IRR的测量需较大范围和时间的利率的变化为基础，以识别其易变性和压力点。设计完好的、独立的、有效的评价功能需要定期地应用于检测和更正风险测量系统。这一过程估计情景分析和假设的合理性和有效性</u>

注：下划部分为两者相对比增加或有所不同的监管评估指标。

1. 定量分析指标上

在定量地检测大中、小银行利率风险时，均需观察其收益率曲线、利润和资本相对于利率变化的敏感程度、是否具有长期错配存在，但对于社区银行的利率风险，监管机构增加的监测指标为：

12 个月中潜在的风险敞口相对于收益和资本的变化比例不超过上下 2 个百分点。

相对资产和负债定价的多样指数是否存在风险敞口，例如伦敦同业间拆借利率 LIBOR，恒定期限国库券 CMT 指数，以及资金成本指数 COFI。

服务资产（service assets）的数量和复杂性是否显著，是否随着利率变化而变化。

2. 定性分析指标上

在利率风险的定性指标上，对两者的检测均包括了利率风险政策、管理者对市场迅速反应情况、信息管理系统的重要性、极限结构和风险测量工具，但是不同之处在于，与信用风险检测相同，监管机构又着重指出对社区银行新产品和新服务的风险的识别；同时，无论在哪一方面的定性分析中，均强调对社区银行内部收益率 IRR 这一指标的重视。

（三）大中、小（指社区银行）银行操作风险监测指标比较

各类银行操作风险监测指标比较如表 3 - 10 所示：

表 3 - 10　大中、小（指社区银行）银行操作风险监测指标比较

定量分析		定性分析	
大中银行	社区银行	大中银行	社区银行
操作损失时间和控制失败可能对收益和资本的影响	操作出现的损失。是否有重复事件发生	管理者可预期并能对由操作变化、系统更新、新兴技术和外部威胁带来的风险做出反应。管理者可以有效地分析风险并发展健全的操作过程、内部控制、审计规则，这将适用于跨部门。管理者发展适当的工具来识别主要的风险并制定一系列过程决定这些风险应如何管理（例如，接受风险、建立符合的控制、对冲风险）	董事会素质高，道德水平高，提供行之有效的见解。公司角色特定清晰，目标可有效交流，信息公开透明。管理者建立了一个全面有效的内部控制环境，审计功能独立且健全。控制系统需要定期检测不断完善。管理者可以预期到并可以对由操作变化、技术的更新和外部威胁带来的风险做出迅速反应

续表

| 定量分析 | | 定性分析 | |
大中银行	社区银行	大中银行	社区银行
产品和服务的复杂性、交易过程数量、内部系统使银行及银行由欺骗、错误、执行中的问题和过程中断所带来的风险大小	在给定的交易规模、产品和服务的复杂程度、内部系统下，来自于欺骗、错误、过程瓦解带来的风险暴露	系统可以对新兴的产品做出适当的反应，包括技术革新、战略转型，和在外部因素下基本原则的变换	新的非传统产品的实施是否管理恰当。管理者充分理解操作风险，具有经验来估计主要的与技术相关的问题。监测、跟踪、分类操作风险的过程和系统健全
由新产品、外部来源、会计问题、技术变化、银行兼并、外部威胁带来的风险是否被完好理解且大小情况如何。过程和控制垮掉了，是否曾超过了风险容忍的极限	来自于交易过程失败、技术改变、外部环境、计划改变、兼并合并的风险大小	适当的管理过程来控制和管理数据，防止其被未授权地更改和公布。有适当的信息管理系统，可以定期地为高级管理者和主要利益相关者提供信息，这可解决主要的操作风险，包括风险度量、趋势和变动项目	信息安全项目健全、有效、定期测试。对潜在数据损失的识别和报告过程有效。信息管理系统对于交易数量、错误报告、欺骗、可疑行为、违反安全等行为进行监测。信息管理系统是准确、及时、完整和可靠的
	<u>员工的变换对任务履行的影响</u>	有较强的管理和适当的员工安置过程，以覆盖公司运作、经营链条、和各功能区域	<u>自动存取款设备的管理</u>
	<u>外雇的服务人员的数量</u>	有一个有效的全面的监控系统，管理来源于外部或离岸的（外包）操作和活动	<u>保险覆盖是充足的，政策更新及时。有效的保险提供者、代理人选择，并且至少一年内覆盖充足</u>

注：下划部分为两者相对比增加或有所不同的监管评估指标。

1. 定量分析指标上

在定量的操作风险检测指标上，除了对两者均共同关注的已有操作损失、产品复杂性带来的潜在损失、外部环境的潜在影响外，监管机构特别针对社区银行的检测内容是员工的变换对任务履行的影响和外雇的服务人员的数量。

2. 定性分析指标上

在定性的银行操作风险监测指标上，不同规模银行均需关注的是管理层对于操作风险管理纲要的指定及对突发事件的处理能力、信息系统技术对新产品的适应性和对数据管理的可靠性。此外，对于大中银行的特殊的检测指标：

一是强调了内部员工的重要性。有较强管理和适当的员工安置过程，以覆盖公司运作、经营链条和各功能区域。

二是强调了外包服务的风险。需为服务的持续性和可靠性制定全面的计划，包括第三方提供的服务。有一个有效的全面的监控系统，管理来源于外部或离岸的（外包）操作和活动。

而对于社区银行需特殊关注的指标则是：①自动存取款设备的管理。②保险覆盖是充足的，政策更新及时。有效的保险提供者、代理人选择，并且至少一年内覆盖充足。

（四）大中、小（指社区银行）银行流动性风险监测指标比较

各类银行流动性风险监测指标比较如表 3 - 11 所示：

表 3 - 11　大中、小（指社区银行）银行流动性风险监测指标比较

定量分析		定性分析	
大中银行	社区银行	大中银行	社区银行
市场环境一旦向不利的方向转变，银行对资金的困难是否会受到较大影响。来源于流动性风险的收益和资本的风险暴露是否可被忽略	一旦在市场上发生类不利的改变，银行对资金融资困难是否敏感。流动性状态是否在近期内不会被破坏	管理者将各方面流动性风险合并为一个全面的风险管理过程，可以对市场环境进行预期并做出迅速反应。流动性计划应与战略计划、预算和财务管理过程相融合。管理者应重视对财务报表、资金流动、成本有效管理和流动性选择的估计	流动性风险管理过程在识别、度量、监管和控制流动性风险中是否有效。这一过程反映出健全的被长时间证明的文化背景。董事会批准的关于流动性风险管理的政策职责清晰，保证及时沟通。管理层对未来市场的变化有较好的预期和反应

定量分析		定性分析	
大中银行	社区银行	大中银行	社区银行
存款和借款的资金来源范围广泛，没有绝对地集中于某一方面	资金来源多样，不依赖于批发性的资金来源或者其他的信用敏感的资金提供者	信息处理过程（人工的或自动的）符合活动的数量和负责性。信息系统准确、及时、完整，提供必要的正确管理决策所需的相关信息	信息管理系统集中了重要的事件并产生及时、正确、全面和有意义的信息来有效管理流动性，包括在不利的环境下
是否存在充足的资金来源和结构性的对称的现金流	市场选择是否多样以满足特定的合理期限、成本条件下的流动性需求。通过资产出售或证券化的方式补充流动性的能力是否较强，银行有较完善的记录来评估这些市场，及时在不利的条件下		突发事件资金计划（Contingency funding plan（CFP））较好发展、有效且实用。这计划包括了合理的假设、情景分析和危机管理计划，符合银行实际需要。CFP建立和清晰的战略解决困难环境下的流动性短缺问题
稳定的存款和市场对银行的认可使银行有竞争性的债务成本优势	资金来源是否充足，是否具有竞争性的成本优势		
	一些批发式的资金来源是否包括一些嵌入式期权，其潜在的影响如何		
	多大程度上得到母公司的支持		

注：下划部分为两者相对比增加或有所不同的监管评估指标。

1. 定量分析指标上

在不同规模银行流动性定量分析指标上，两者均被关注的内容是近期流动性被破坏的可能性、资金来源的广泛性和持续性。此外，对于社区银行被提出另外两点需要监测的内容：

一是一些批发式的资金来源是否包括一些嵌入式期权，其潜在的影响如何。

二是多大程度上得到母公司的支持。

2. 定性分析指标上

在不同规模银行流动性定性分析指标上，除了两者均需有完善的流动性风险管理机制、管理层敏锐的市场反应能力、健全的信息管理系统外，要求社区发展银行具有突发事件资金计划（Contingency funding plan（CFP））。这计划包括了合理的假设、情景分析和危机管理计划，符合银行实际需要，且CFP建立和清晰的战略解决困难环境下的流动性短缺问题。

四、美国不同规模商业银行存款保险制度差异化规定

美国联邦存款保险公司（Federal Deposit Insurance Corporation，以下简称FDIC），根据大萧条之后1933年的格拉斯－斯蒂格尔法案（Glass－steagall of 1933）创立了美国联邦政府公司，为存款类社员机构提供存款保险，并具有监管管理职能。

FDIC保费的定价过程，大体经历了从无差异统一比例征收，逐步改进为以风险水平为基础的保费定价方式，最终建立不同规模银行的风险定价体系的过程。起初，根据1935年的银行法案（Banking Act of 1935），所有被保险机构的保费比例均按1/12的总（调整后）国内存款的1%（one－twelfth of one percent of total（adjusted）deposits）统一收取，且这存款保险的费率并不随着被保险企业风险水平的变化而变化；1991年FDIC改革法案（FDIC Improvement Act of 1991）依据资本充足率（capital ratios）和监管评级（supervisory ratings）将机构分为9类风险级别，2006年则将此9类风险级别归为4类；从2009年开始，FDIC的风险定价方法注意到了不同规模银行的差异，逐步建立了不同规模银行的差异化的保费定价体系，下面将着重介绍此差异之处。

从表3－12中规定的演进来看，不同规模银行的差异化规定经历了从统

一实行资本评估（capital evaluation）和监管评估（supervisory evaluation）（即 CAMELS）；到 2009 年将长期债务评级引入大银行（资产总额在 100 亿美元之上）风险评估当中；再到 2010 年多德－弗兰克法案最终以文件形式明确对机构规模的划分、不同规模机构风险等级划分、具体评估方法和评价指标的差异。下面我们对比分析一下 2010 年多德－弗兰克法案改革后不同规模商业银行 FDIC 定价方法的差异，一方面观察新规定对于不同规模银行保费实际收取数量的增减，即监管负担的增减；另一方面观察对不同规模银行的风险定价时所考虑的指标的差异。

表 3 –12　FDIC 保费定价（assessment rate）的差异化规定

时间	描述	信息来源
1991 年	1991 年 FDIC 改革法案（FDIC Improvement Act of 1991）依据资本充足率（capital ratios）和监管评级（supervisory ratings），将机构被分为 9 类风险级别，费率变化区间是较低风险机构 23% 的存款比例，至较高风险的机构 31% 的存款比例，共 9 个数值	Eric P. Bloecher, Gary A. Seale, Robert D. Vilim, "Options for Pricing Federal Deposit Insurance", FDIC Banking Review, Vol. 15, No. 4, 2003.
2006 年	以 1991 年的法案中资本评估和监管评估为基础，将 9 类风险类别归为 4 类风险等级	Quarterly Banking Profile: Third Quarter 2010; FDIC 2007 Annual Report.
2009 年	保持 2006 年的 4 类风险级别分类，但将基础费率调为 12 到 45 个基点，其中第一风险级别的基础费率是 12—16 个基点的区间数，最终选取哪个数值，则需根据财务比率和 CAMELS 评级（即财务比率法）最终确定其基础费率。 对第一风险级别大银行的评级提出了特殊规定：对于第一风险级别的具有长期债务发行评级的大银行（资产总额在 $10 billion 以上），其基础费率的确定由等权重的 CAMELS 评级、长期债务发行评级、财务比率三部分最终确定。对于所有的第一风险级别的大机构，其他风险因素也应考虑是否对基础费率做进一步的调整，其包括市场数据、财务表现、支撑金融压力的能力、损失严重性指标	Quarterly Banking Profile: Third Quarter 2010; FDIC 2009 Annual Report.

续表

时间	描述	信息来源
2010 年	The Dodd – Frank Act 特别提出对大机构评价的特殊规定，大、中小机构的差异化评估得到明确。为减少存款保险评估系统顺经济周期效应，FDIC 于 2010 年 11 月提出、2011 年 2 月定稿发布，指出更正大金融机构的评估系统，取消大金融机构的风险分类，使其更好地反映其承担的风险，具体是，不再使用长期债券发行评级来评估大金融机构的保费提取比例，而是将 CAMELS 评级和 financial measures 合并成为两个评分卡（scorecards），一个是对较大金融机构（most large institutions），另一个是对结构和运营更加复杂的非常大的机构，即高度复杂的机构（highly complex institutions），小机构的评估仍延续了 2006 年根据资本评估和监管评估得到的资产分类方法。（具体在规模划分、风险分类、评估方法和指标的不同见如下具体分析）	FDIC，"Assessments，Large Bank Pricing"，12 CFR Part 327，Federal Register，Vol. 76，No. 38，2011

（一）进一步细化了银行机构不同规模的划分

在原有的以资产规模 100 亿美元为分界点大、小机构分类基础上，2010 年多德－弗兰克法案将大机构进一步分为较大金融机构（most large institutions）和高度复杂机构（highly complex institutions），为后续不同规模银行评估方法的不同打下基础。具体而言：

小机构截至 2006 年 12 月 31 日，资产金额小于 100 亿美元的被存款保险机构；在 2006 年 12 月 31 日之后，原本的大机构如连续四个季度资产小于 100 亿美元，则从下个季度起也被确认为小机构。

大机构截至 2006 年 12 月 31 日，资产余额大于 100 亿美元的被存款保险机构（除被保险的外国银行分支机构和高度复杂机构）；原本的小机构如连续四个季度资产大于 100 亿美元，则从下个季度起也被认为是大机构。其中，又将满足一定条件的大机构定义为高度复杂机构。

高度复杂机构，包括：

• 此类被保险的存款机构（除信用卡银行①以外），持续四个季度资产总

---

① 信用卡银行：指一种银行其信用卡营收账款加上证券化的应收账款超过了总资产的 50% 与证券化应收账款的和。

额不低于 500 亿美元，且被连续四个季度资产总额不低于 5 000 亿美元的美国控股母公司所控制，或者被一个或几个中等的美国母公司控制，而这中等的美国母公司又被连续四年资产总额不低于 5 000 亿美元的控股公司控制。

· 过程银行或信用公司（processing bank or trust company）：这类机构其最后三年非借贷利息收入、信托收入和投资银行手续费收入的和超过了总收入的 50%（且其最后三年的信托收入非零），而且其总信托资产总额在 5 000 亿美元以上，至少连续四个季度总资产额均在 100 亿美元以上。

（二）不同规模机构风险等级的划分差异

在风险等级分类上，小机构的评估仍延续了 2006 年的规定，根据资本评估和监管评估得到的分类标准，由此将小机构按照风险程度分为四类，每一类对应一定的保费比例（表 3 - 13）。

表 3 - 13 小机构风险分类及对应保费比例

资本评估	监管评估（Supervisory Subgroup）②		
（Capital Subgroup）①	A	B	C
稳健（Well Capitalized）	I 5 - 9bp	II 14bp	III 23 bp
充足（Adequately Capitalized）	II 14 bp		
不足（Undercapitalized）	III 23 bp		IV 35 bp

其中：①Capital Subgroups 的定义是：

	总资本充足率 （Totalrisk - based capital）	一级资本充足率 （Tier1 risk - based capital）	一级资本杠杆率 （Tier 1 Leverage）
稳健（Well Capitalized）	≧10%	≧6%	≧5%
充足（Adequately Capitalized）	≧8%	≧4%	≧4%
不足（Undercapitalized）	以上两者均不是		

②Supervisory Rating 的定义是：

Supervisory Group A 仅有很少的不足之处的稳健的机构。大体符合监管机构评级（CAMELS 评分）中的 1 和 2 级。

Supervisory Group B 包含一些缺陷，如果不改正将带来重要的恶化，导致风险增大。大体符合监管机构评级（CAMELS 评分）中的 3 级。

Supervisory Group C 除非采取有效的正确的行动，否则具有实质性的带来损失的可能性。大体符合监管机构评级（CAMELS 评分）中的 4 和 5 级。

但目前大机构（总资产在 100 亿美元以上）的风险分类已被取消，即大机构没有固定的分类等级，而是由 CAMELS 评级和财务分析合并成的评分卡来确定其风险得分，再根据特定的公式将风险得分转化为保费比例（assessment rate）。这样的风险等级分类差异化改变，使小机构相对于大机构的风险测度方法相对简单化，而大机构有保费定价空间不再局限于已有的分类，使其保费比例更加合理和灵活，更好地反映其承担的风险。

（三）不同规模机构评定方法和指标的不同

1. 小机构风险评估

小机构的评估仍延续了以往的资本评估和监管评估相结合的评估方法。具体评估标准、分类方法及对应保费比例（见表 3 - 13）中所述。其中风险一级（Category I）的小企业在决定其费率时使用财务比率法（financial ratios method）。在此方法下，6 个财务比率中的每一个，以及加强平均的 CAMELS 评分都要乘以一个综合定价乘数（corresponding pricing multiplier），加总的结果得到该小机构最初的费率（initial base assessment rate）（如表 3 - 14）。

表 3 -14　Financial ratios method 中六个财务指标和 CAMELS 评分对应的定价乘数

风险评估指标		定价乘数
中文表达	英文表达	
一级资本杠杆比率	Tier 1 Leverage Ratio	（0.056）
逾期 30—89 天贷款/总资产	Loans Past Due 30 - 89 Days/Gross Assets	0.575
不良资产/总资产	Nonperforming Assets/Gross Assets	1.074
净损失贷款/总资产	Net Loan Charge - Offs/Gross Assets	1.210
税前净收入/风险加权资产	Net Income before Taxes/Risk - Weighted Assets	（0.764）
调整后的经纪类存款比例	Adjusted brokered deposit ratio	0.065
加权 CAMELS 评分[①]	Weighted Average CAMELS Component Rating	1.095

其中①加权 CALMELS 评分中各部分的权重比例规定如下：

CAMELS 各项目		权重（%）
中文表达	英文表达	
资本充足性	C - Capital adequacy	25
资产质量	A - Asset quality	20

续表

CAMELS 各项目		权重（%）
中文表达	英文表达	
管理水平	M – Management	25
盈利状况	E – Earnings	10
流动性	L – Liquidity	10
对市场风险的敏感性	S – Sensitivity to market risk	10

注：CAMELS 评级由银行监管机构进行评估后给出，对于这六个项目的评级均为 1 至 5 级，其中最好的为 1 级，最差的为 5 级，整体的 CAMELS 得分由上述权重加权平均后得到此机构的最终 CAMELS 评分。

2. 大机构风险评估（非高度复杂机构）

与小机构不同，大机构的风险评估没有被指定分为四个类别，而是将 CAMELS 评级和财务指标度量合并成为两个评分卡，一个是对较大金融机构，另一个是对结构和运营更加复杂的高度复杂的机构。其中大机构的评分卡包含两项内容，分别是经营状况和损失严重程度，具体两部分包含的项目及对应权重为（如表 3 – 15）：

表 3 – 15　大机构评分卡项目及权重

	风险评估指标		部分权重（%）	整体权重（%）
	中文表达	英文表达		
P	经营状况得分	Performance Score		
P. 1	CAMELS 加权评分	Weighted Average CAMELS Rating	100	30
P. 2	资产承受能力	Ability to Withstand Asset – Related Stress		50
	一级级资本杠杆比率	Tier 1 Leverage Ratio	10	
	集中度测量	Concentration Measure	35	
	核心利润/ 季度资产均值	Core Earnings/Average Quarter – End Total Assets	20	
	信用质量测量	Credit Quality Measure	35	
P. 3	融资来源能力	Ability to Withstand Funding – Related Stress		20

续表

	风险评估指标		部分权重 （%）	整体权重 （%）
	核心存款/总负债	Core Deposits/Total Liabilities	60	
	表内流动性比例	Balance Sheet Liquidity Ratio	40	
L	损失程度得分	Loss Severity Score		
L.1	损失程度测量	Loss Severity Measure		100

3. 高度复杂机构风险评估

与大机构相同，复杂机构的评分卡内容也包括经营状况得分和损失严重程度得分两部分，只是具体各项内容与大机构有所不同（如表3-16）。

表3-16　高度复杂机构评分卡项目及权重

	风险评估指标		部分权重 （%）	整体权重 （%）
	中文表达	英文表达		
P	经营状况得分	Performance Score		
P.1	CAMELS 加权评分	Weighted Average CAMELS Rating	100	30
P.2	资产承受能力	Ability to Withstand Asset - Related Stress		50
	一级级资本杠杆比率	Tier 1 Leverage Ratio	10	
	集中度测量	Concentration Measure	35	
	核心利润/季度资产均值	Core Earnings/Average Quarter - End Total Assets	20	
	信用质量测量和市场风险测量	Credit Quality Measure and Market risk measure	35	
P.3	融资来源能力	Ability to Withstand Funding - Related Stress		20
	核心存款/总负债	Core Deposits/Total Liabilities	50	
	表内流动性比例	Balance Sheet Liquidity Ratio	30	

	风险评估指标		部分权重（％）	整体权重（％）
	短期融资额/资产总额	*Average Short - Term Funding/Average Total Assets*	<u>20</u>	
L	损失程度得分	Loss Severity Score		
L.1	损失程度测量	Loss Severity Measure		100

注：下划线标注处为高度复杂机构与大机构相比增加的评估指标。

4. 对于小、大、高度复杂机构评价指标不同的总结

（1）小、大机构不同评价指标总结

根据上述小机构和大机构风险评估指标的内容，将两者监管指标列为对比表格表3-17。

表3-17　大、小机构FDIC风险评估指标差异对比

大机构	小机构
经营状况得分	
CAMELS评分	CAMELS评分
资产承受能力	
一级级资本杠杆比率	资本充足性 一级资本杠杆比率 一级风险加权资本比率 风险加权资本比率
集中度测量	
核心利润/季度资产均值	
信用质量测量	
融资来源能力	
核心存款/总负债	
表内流动性比例	
损失程度得分	
损失程度测量	

注：下划线标记处为大机构与小机构相比增多的监管指标。

由表 3 – 17 可见，小、大机构风险评估内容均含有监管机构评级指标 CAMELS 以及资本充足性指标。但是两者的差异性较大：大机构的风险评估除了关注这些经营性指标外，单独将损失程度的测度作为与经营性指标相并列的考核内容，纳入风险评估系统中。而对于小、大银行共同关注的经营性指标，小机构仅将 CAMELS 评分和资本充足性作为度量机构风险的依据，而大机构除这两项内容外，将表现资产状况的指标（如资产集中度、盈利情况、资产质量）和表现融资能力的指标（核心存款比例、流动性比例）均单独列示作为衡量其经营状况的项目。

截至 2010 年 9 月 30 日，在未对大、小机构实行差异化风险评估方法下，110 家大的存款被保险机构占据 70% 的保费基础（assessment base），支付了占 70% 的保费（assessment）。在改革后的新的差异化风险评估和定价体系下，大机构预计占 78% 的保费基础，支付总保费的 79%。国会认为这一新的规定与以前的以国内存款为保费基础的规定相比，更好地测量了风险。在差异化风险评估实行之前，资产份额仅占 20% 的社区银行却对存款保险基金贡献了 30% 的保费，相反，大机构 80% 的资产份额却仅支付保费的 70%。社区银行没有理由来填补这一空缺，对社区银行是不公平的。在新规定下，99% 的小机构承担了更低的保费。实际上，此新规定将减少小机构每个季度平均约达 \$10 320 的保费[①]。换言之，新的不同机构差异化评定方法的实施减小了小机构的保费支出，减少了社区银行的监管负担。

（2）大机构与高度复杂机构对比

尽管大机构和复杂机构在使用评分卡进行风险评估时，无论在评分卡结构及内容设计上均如出一辙，但是鉴于复杂机构是一类特殊的大机构，有其特定的规模范围和经营特征，复杂机构的评分指标较大机构仍有所不同。

与大机构相比，对复杂机构的风险评估将"市场风险"作为一样重要指标添加在经营状况的考核中，具体的市场风险测量指标如表。而对于"集中度测量"中，复杂类机构对集中度测量的指标进一步明确为前 20 为交易对手的风险暴露/一级资本和准备金，或者最大交易对手的风险暴露/一级资本和准备金（如表 3 – 18）。此外，对融资来源能力的测评中，增添了短期融资额

---

① FDIC，"Assessments，Large Bank Pricing"，12 CFR Part 327，Federal Register，Vol. 76，No. 38，2011.

占比。

表3-18 大、复杂机构 FDIC 风险评估指标差异对比

大机构	复杂机构
经营状况得分	经营状况得分
CAMELS 评分	CAMELS 加权评分
资产承受能力①	资产承受能力①
一级级资本杠杆比率	*一级级资本杠杆比率*
集中度测量	*集中度测量*
核心利润/季度资产均值	*核心利润/季度资产均值*
信用质量测量	信用质量测量和<u>市场风险测量</u>
融资来源能力	融资来源能力
核心存款/总负债	*核心存款/总负债*
表内流动性比例	*表内流动性比例*
	<u>*短期融资额/资产总额*</u>
损失程度得分	损失程度得分
损失程度测量	*损失程度测量*

注：下划线标记处为大机构与高度复杂机构相比增多的监管指标。

其中：①大、复杂类机构"资产承受能力"指标的差异对比：

大机构	复杂机构
一级资本杠杆比率	一级资本杠杆比率
集中度测量	集中度测量
高风险资产/一级资本和准备金；（或者）	高风险资产/一级资本和准备金
投资组合增长的集中度	<u>前20为交易对手的风险暴露/一级资本和准备金；（或者）</u>
	<u>最大交易对手的风险暴露/一级资本和准备金</u>
核心利润/季度资产均值	核心利润/季度资产均值
信用质量测量	信用质量测量
非"正常"类项目/一级资本和准备金；（或者）	非"正常"类项目/一级资本和准备金；（或者）

续表

大机构	复杂机构
表现不良的资产/一级资本和准备金	表现不良的资产/一级资本和准备金
	<u>市场风险测量</u>
	<u>交易收入</u>
	<u>市场波动率/一级资本</u>
	<u>市场风险资本/一级资本</u>
	Level 3 <u>交易资产/一级资本</u>

注：下划线标记处为大机构与高度复杂机构相比增多的监管指标。

第四节　中国不同规模商业银行差异化监管政策①

　　根据本书对中国银行业监督管理委员会出台的监管政策的总结，不同规模商业银行差异化监管的思想最早出现在《关于调整放宽农村地区银行业金融机构准入政策更好支持社会主义新农村建设的若干意见》（银监发〔2006〕90 号）中，其提到"根据农村地区新设银行业法人机构的资本充足状况及资产质量状况，适时采取差别监管措施"。而在 2011 年，差异化监管的思想更是在多个监管政策中着重体现，其中《关于中国银行业实施新监管标准的指导意见》（银监发〔2011〕44 号）、《关于支持商业银行进一步改进小企业金融服务的通知》（银监发〔2011〕59 号）分别提出了新资本协议实施差异化过渡期安排、信用风险权重的差异化设定，以及大力扶持小企业金融服务的差异化监管。可见，在监管政策及实施中，"差异化"已经成为当前提高监管效率、推动银行业差异化发展、促进金融资源差异化分配的主流监管思想。下面以不同微观监管手段为分类，分别总结并分析当前我国不同规模商业银行的差异化监管政策。

---

　　① 根据银监会各年年报附件对机构范围的界定："大型商业银行"包括中国工商银行、中国农业银行、中国银行、中国建设银行和交通银行；"中小商业银行"包括股份制商业银行、城市商业银行。以此界定标准作为中国差异化监管的研究划分，既体现了规模的差异，又涵盖了所有制类型的差异，是业界公认的分类标准，对于监管当局差异化监管政策的制定和实施具有较强的参考性。下文第五、六章中的研究也采用此界定。

一、资本充足性监管的差异化分析

（一）巴塞尔协议实施中对不同规模银行资本监管的差异化

2004 年的《商业银行资本充足率管理办法》初步建立了审慎资本监管制度，确立了资本监管在审慎银行监管中的核心地位。这一开篇之作对各类银行均做出了 8% 资本充足率的规定，并没有对大、中小银行有任何资本监管上的差异。直至 2007 年开始，以国际监管下的巴塞尔协议第二版和第三版为基本依据，银监会出台的相关政策做出对不同规模银行在实施巴塞尔协议新要求上的差异化规定（如表 3-19）。

表 3-19　中国大、中小银行资本监管差异化规定

序号	内容	规章	规章编号
1	规定商业银行资本充足率不得低于 8%，核心资本充足率不得低于 4%；明确资本充足率的计算方法及各类风险对应的权重	商业银行资本充足率管理办法	中国银行业监督管理委员会令（2004 年第 2 号）
2	结合我国银行业的发展状况，提出分阶段与资本监管国际标准接轨的构想。①分类实施：对于大型商业银行来说，几家国际化程度较高的大型商业银行从 2010 年年底开始实施新资本协议；对中小银行来说，宜采取与其业务规模和复杂程度相适应的资本监管制度，降低资本监管的合规成本。②分层推进：鼓励商业银行积极改进风险管理，采取风险敏感性高的资本计量方法，但考虑到各家银行准备工作的差异性，允许各家商业银行实施新资本协议时间先后有别	中国银行业实施新资本协议指导意见的通知	银监发〔2007〕24 号
3	增加逆周期资本缓冲：根据宏观经济金融形势和商业银行信贷增长速度、信贷风险变化状况，提出相机抉择的逆周期资本缓冲监管要求。在 8% 最低资本充足率要求的基础上，增加逆周期资本缓冲，要求中小商业银行总体资本充足率达到 10%，具有系统重要性的大型商业银行总体资本充足率达到 11%	2009 年年报	

序号	内容	规章	规章编号
4	对系统重要性大型商业银行增加附加资本要求，确保大型商业银行和中小商业银行资本充足率分别不低于11.5%和10%	2010年年报	
5	新标准实施后，正常条件下系统重要性银行和非系统重要性银行的资本充足率分别不低于11.5%和10.5%。采用差异化的信用风险权重方法，推动银行业金融机构提升信用风险管理能力，明确操作风险的资本要求，提高交易性业务、资产证券化业务、场外衍生品交易等复杂金融工具的风险权重	关于中国银行业实施新监管标准的指导意见	银监发〔2011〕44号
6	①在新监管标准实施的过渡期安排上：从2012年1月1日开始执行，系统重要性银行和非系统重要性银行应分别于2013年年底和2016年年底前达到新的资本监管标准，并根据不同机构情况设置差异化的过渡期安排，确保各类银行业金融机构向新监管标准平稳过渡；②资本计算方法使用上：对于表内外资产规模、国际活跃性以及业务复杂性达到一定程度的银行业金融机构，应根据新的监管要求，实施《新资本协议》中的资本计量高级方法。对于其他不实施资本计量高级方法的银行业金融机构，应从2011年年底开始在现有信用风险资本计量的基础上，采用标准方法计量市场风险和操作风险的监管资本要求；③对系统重要性银行提出更高的审慎监管要求：一是要求系统重要性银行发行自救债券，以提高吸收损失的能力，二是提高流动性监管要求，三是进一步严格大额风险暴露限制，四是提高集团层面并表风险治理监管标准	关于中国银行业实施新监管标准的指导意见	银监发〔2011〕44号
7	对于小企业贷款余额占企业贷款余额达到一定比例的商业银行，在满足审慎监管要求的条件下，优先支持其发行专项用于小企业贷款的金融债；对于风险成本计量到位、资本与拨备充足、小企业金融服务良好的商业银行，经监管部门认定，相关监管指标可做差异化考核：内部评级法计算资本充足率，单户500万元（含）以下的小企业贷款视同零售贷款处理；未使用内部评级法，单户500万元（含）以下的小企业贷款在满足一定标准的前提下，可视为零售贷款	关于支持商业银行进一步改进小企业金融服务的通知	银监发〔2011〕59号

续表

序号	内容	规章	规章编号
8	获准发行小型微型企业贷款专项金融债的商业银行，该债项所对应的单户授信总额 500 万元（含）以下的小型微型企业贷款在计算"小型微型企业调整后存贷比"时，可在分子项中予以扣除，并以书面形式报送监管部门；商业银行在计算资本充足率时，对符合相关条件的小型微型企业贷款，应根据《商业银行资本管理办法》相关规定，在权重法下适用 75% 的优惠风险权重，在内部评级法下比照零售贷款适用优惠的资本监管要求	关于支持商业银行进一步改进小型微型企业金融服务的补充通知	银监发〔2011〕94 号
9	将中小商业银行主要股东持股比例控制在 20% 以内，进一步加大支持民间资本进入的力度；同一股东入股同质银行业金融机构不超过 2 家，如取得控股权只能投（或保留）一家。并应出具与其关联企业情况、与其他股东的关联关系及其参股其他金融机构情况的说明；主要股东包括战略投资者持股比例一般不超过 20%。对于部分高风险城市商业银行，可以适当放宽比例	关于加强中小商业银行主要股东资格审核的通知	银监办发〔2010〕115 号
10	商业银行对一般企业债权的风险权重为 100%。但商业银行对同时符合以下条件的微型和小型企业债权的风险权重为 75%： （一）企业符合国家相关部门规定的微型和小型企业认定标准。 （二）商业银行对单家企业（或企业集团）的风险暴露不超过 500 万元。 （三）商业银行对单家企业（或企业集团）的风险暴露占本行信用风险暴露总额的比例不高于 0.5%	商业银行资本管理办法（试行）	中国银行业监督管理委员会令（2012 年第 1 号）
11	商业银行发行优先股，应符合国务院、证监会的相关规定及银监会关于募集资本补充工具的条件，且核心一级资本充足率不得低于银监会的审慎监管要求。商业银行取得银监会的批准文件后，向证监会提出发行申请。证监会依据《优先股试点管理办法》及相关配套规则进行核准。非上市商业银行发行优先股的，应当按照证监会有关要求，申请在全国中小企业股份转让系统挂牌公开转让股票，纳入非上市公众公司监管	关于商业银行发行优先股补充一级资本的指导意见	银监发〔2014〕12 号

1. 资本充足率数量要求及资本计量方法

在资本充足率要求上，在继 2004 年《商业银行资本充足率管理办法》中"商业银行资本充足率不得低于 8%，核心资本充足率不得低于 4%"之后较长时间内保持了这一各类商业银行统一的监管规定，直至 2008 年金融危机爆发后，巴塞尔协议第三版针对金融危机中暴露出的监管弊端，在 2009 年对资本监管提出了新的要求，其中尤其加大了对大型银行的监管。在次贷危机和最新资本协议规定的背景下，银监会在 2009 年提出了相机抉择的逆周期资本缓冲监管要求，在 8% 最低资本充足率要求的基础上增加逆周期资本缓冲，要求中小商业银行总体资本充足率达到 10%，具有系统重要性的大型商业银行总体资本充足率达到 11%；2010 年则对系统重要性大型商业银行增加附加资本要求，确保大型商业银行和中小商业银行资本充足率分别不低于 11.5% 和 10%；而正式文件《关于中国银行业实施新监管标准的指导意见》（银监发〔2011〕44 号）中规定"正常条件下系统重要性银行和非系统重要性银行的资本充足率分别不低于 11.5% 和 10.5%"。从资本充足率数量要求来看，各类规模银行的资本要求都有所提升，而相对而言，更加大了对大银行的资本监管的比率要求。

在资本计量方法上，国内商业银行面临着巴塞尔协议第二版提出的高级资本计量方法——内部评级法的全新挑战，对此银监会在《中国银行业实施新资本协议指导意见》（银监发〔2007〕24 号）做出"分层推进"的规定，即鉴于各家银行资产规模和经营状况的差异性，允许各家商业银行采取风险敏感性高的资本计量方法时间先后有别。而《关于中国银行业实施新监管标准的指导意见》（银监发〔2011〕44 号）在资本计算方法上给出了更明确的规定，"对于表内外资产规模、国际活跃性以及业务复杂性达到一定程度的银行业金融机构，实施《新资本协议》中的资本计量高级方法。对于其他不实施资本计量高级方法的银行业金融机构，应从 2011 年年底开始在现有信用风险资本计量的基础上，采用标准方法计量市场风险和操作风险的监管资本要求"。不同规模银行采取与其业务规模和复杂程度相适应的资本监管制度，可降低资本监管的合规成本，以保证实施新资本协议资本监管方法取得实效。

2. 实施巴塞尔协议新规定的过渡期安排

根据不同机构情况设置差异化的过渡期安排，确保各类银行业金融机构向新监管标准平稳过渡。《中国银行业实施新资本协议指导意见》（银监发

〔2007〕24 号）规定不同规模银行在实施巴塞尔协议第二版时，几家国际化程度较高的大型商业银行从 2010 年年底开始实施新资本，而中小银行宜采取与其业务规模和复杂程度相适应的资本监管制度，灵活的新规定实施要求减小了中小银行的监管负担；《关于中国银行业实施新监管标准的指导意见》（银监发〔2011〕44 号）在巴塞尔协议第三版新监管标准实施的过渡期安排上规定，从 2012 年 1 月 1 日开始执行，系统重要性银行和非系统重要性银行应分别于 2013 年年底和 2016 年年底前达到新的资本监管标准。

3. 巴塞尔协议第三版加大了对系统重要银行的监管

鉴于对次贷危机教训的总结，巴塞尔协议第三版加大了金融系统性风险的防范，因此将部分银行机构列为系统重要性银行，并对这些大规模、在国际交易上有重要影响力的系统重要性银行的监管提出了更高的审慎监管要求。《关于中国银行业实施新监管标准的指导意见》（银监发〔2011〕44 号）做出了加大对系统重要性银行在发行自救债券、提高流动性监管要求、进一步严格大额风险暴露限制、提高集团层面并表风险治理监管标准四个方面的规定。

（二）小企业金融服务资本监管的差异化

2005 年银监会发布《银行开展小企业贷款业务指导意见》（银监发〔2005〕54 号）宣布"以完善小企业服务体系为切入点促进商业银行的战略转型"以来，通过发布多项规章制度在贷款额度、机构准入、产品审批、资本约束等多个方面完善小企业金融服务体系，以监管手段激发商业银行服务小企业的内生动力。在资本监管上对小企业金融服务的监管推动主要体现在 2011 年银监会出台的《关于支持商业银行进一步改进小企业金融服务的通知》（银监发〔2011〕59 号）、《关于支持商业银行进一步改进小型微型企业金融服务的补充通知》（银监发〔2011〕94 号）两项政策在"小企业金融债"和"小企业贷款风险权重"上的差异化规定。

在对发行小企业金融债的鼓励上，上述两项政策依次分别规定："对于小企业贷款余额占企业贷款余额达到一定比例的商业银行，在满足审慎监管要求的条件下，优先支持其发行专项用于小企业贷款的金融债"、"获准发行小型微型企业贷款专项金融债的商业银行，该债项所对应的单户授信总额 500 万元（含）以下的小型微型企业贷款在计算'小型微型企业调整后存贷比'时，可在分子项中予以扣除。"这些规定使得商业银行既可通过发行小企业金融债增加资本的补充，加大贷款的资金来源，同时还较小地受到存贷比的限制。

在对小企业贷款的风险权重计算上，上述两项政策依次分别规定，"相关监管指标可做差异化考核：内部评级法计算资本充足率，单户500万元（含）以下的小企业贷款视同零售贷款处理；未使用内部评级法，单户500万元（含）以下的小企业贷款在满足一定标准的前提下，可视为零售贷款"；"商业银行在计算资本充足率时，对符合相关条件的小型微型企业贷款，在权重法下适用75%的优惠风险权重，在内部评级法下比照零售贷款适用优惠的资本监管要求"。这两项政策对小企业贷款较低的风险权重使用固定，减小了小企业贷款的风险资本要求，减轻了商业银行发放小企业贷款的资本监管要求负担。

对于不同规模的商业银行而言，与大型银行相比，主要客户定位于中小企业的中小银行，小企业贷款、尤其是小微企业贷款业务是中小银行与大银行展开错位竞争的主要手段。鉴于此，银监会对于小企业贷款在资金来源上的支持和资本要求上的放宽，更有利于中小银行自身特色业务的发挥，提高与大银行抗衡的竞争力。换言之，对小企业贷款资本监管的差异化优惠政策更能激发中小银行坚持自身比较优势实现特色化发展。

（三）引入民间资本的监管差异化

银监会不断探索和拓宽民间资本入股银行业金融机构的渠道，特别是为中小商业银行和农村中小金融机构引入民间资本，一方面补充资本金，更重要的是民间资本入股银行业金融机构符合银行业改革发展方向，在完善公司治理、促进业务转型、提高银行服务小企业能力等方面得到提升。2010年，银监会发布了《关于加强中小商业银行主要股东资格审核的通知》（银监办发〔2010〕115号）"将中小商业银行主要股东持股比例控制在20%以内，进一步加大支持民间资本进入的力度"，积极引导民营资本入主中小银行。并且此政策取得了实质性效果，民间投资者在城市商业银行持股比例从2010年末的42.59%上升为2011年末的54%[①]。与大型银行相比，通过监管政策在中小银行民营资本注入上的引导，使中小银行能够及时了解各行业的发展动态和民营企业的金融需求，不断创新服务品种，提高自身优势业务的服务能力。

---

① 资料来源：银监会2011年和2010年年报。

二、机构准入监管的差异化分析

坚持以风险为本、注重引导银行业金融机构提高服务实体经济的能力，是监管机构对不同规模银行实施差异化机构准入监管的主要原则。以此为依据，具体而言，对大、中小银行机构准入监管的差异，一方面体现为准入风险审查指标的不同，以防范不同规模银行各自所面临的经营风险，另一方面则是对金融服务欠发达的地区或领域予以机构准入上的监管优惠（表3－20）。

表3－20 中国大、中小银行机构准入差异化监管规定

序号	内容	规章	规章编号
1	最低注册资本：全国性商业银行10亿元；城市商业银行1亿元；农村商业银行5 000万元	关于修改中华人民共和国商业银行法的决定	中华人民共和国主席令（2003年第13号）
2	银监会对小企业授信业务表现出色的商业银行，可准予其增设机构和网点；对小企业授信业务表现出色的地方法人银行业金融机构，可考虑准予其跨区域增设机构和网点	银行开展小企业授信工作指导意见	银监发〔2007〕53号*
3	对小企业授信业务表现出色的商业银行，可准予其增设机构和网点；对小企业授信业务表现出色的地方法人银行业金融机构，可考虑准予其跨区域增设机构和网点	关于调整小企业统计制度的通知	银监办发〔2007〕188号
4	银行业监督管理机构对银行集团设立附属机构的准入申请应当充分考虑银行集团的公司治理结构和并表管理能力。对于公司治理结构不利于内部信息传递和实施并表监管措施的银行集团，银行业监督管理机构有权不批准其设立附属机构	银行并表监管指引（试行）	银监发〔2008〕5号
5	对于银行业金融机构在欠发达地区设立分支机构，以及有利于服务社区经济和服务业小企业的机构网点设置，监管部门将予以大力支持	关于银行业金融机构支持服务业加快发展的指导意见	银监发〔2008〕8号

续表

序号	内容	规章	规章编号
6	各银行业金融机构在民营经济相对活跃、民间资本雄厚、金融需求旺盛的地区可适当增设机构网点；按照"低门槛、严监管"的原则，适当扩大村镇银行等新型金融机构的试点范围，加快审批进度	关于认真落实"有保有压"政策进一步改进小企业金融服务的通知	银监发〔2008〕62号
7	已在省会（首府）城市设有分行的股份制商业银行，在该城市所在省（自治区）内的其他城市再申请设立下设分行和支行，不再受数量指标控制。城市商业银行在法人住所所在省（自治区、直辖市）内设立分支机构，不再受数量指标控制。股份制商业银行和城市商业银行在同城设立支行，不受数量指标控制	中小商业银行分支机构市场准入政策的调整意见（试行）	银监发〔2009〕143号
8	重点审查申请银行是否具备以下条件：具有良好的公司治理结构；风险管理和内部控制健全有效；具有有效的管理信息系统；不良资产比例、缺失准备充足水平、资本充足水平等重要指标符合监管要求；最近2年内未发生重大案件和重大违法违规行为，或虽已发生但整改已达到监管部门要求；监管评级较好。同时也要考虑拟下设分支行所在省（自治区）省会（首府）城市分行的风险管理能力、资产质量、合规审慎经营情况	中小商业银行分支机构市场准入政策的调整意见（试行）	银监发〔2009〕143号
9	取消符合条件的中小商业银行分支机构准入数量限制，鼓励其优先到西部和东北地区等金融机构较少、金融服务相对薄弱地区设立分支机构	关于进一步做好中小企业金融服务工作的若干意见	银发〔2010〕193号

续表

序号	内容	规章	规章编号
10	优先受理和审核小企业金融服务市场准入事项的有关申请，连续两年实现小企业贷款投放增速不低于全部贷款平均增速且风险管控良好的商业银行，积极支持其增设分支机构；鼓励小企业专营机构延伸服务网点，对于小企业贷款余额占企业贷款余额达到一定比例的商业银行，支持其在机构规划内筹建多家专营机构网点；鼓励商业银行新设或改造部分分支为专门从事小企业金融服务的专业分支行或特色分支行	关于支持商业银行进一步改进小企业金融服务的通知	银监发〔2011〕59 号
11	对于小型微型企业授信客户数占该行辖内所有企业授信客户数以及最近六个月月末平均小型微型企业授信余额占该行辖内企业授信余额达到一定比例以上的商业银行，各银监局在综合评估其风险管控水平、IT 系统建设水平、管理人才储备和资本充足状况的基础上，可允许其一次同时筹建多家同城支行，但每次批量申请的间隔期限不得少于半年。前述两项比例标准由各银监局自行确定后报送银监会完善小企业金融服务领导小组办公室备案。原则上授信客户数占比东部沿海省份和计划单列市不应低于 70%，其他省份应不低于 60%	关于支持商业银行进一步改进小型微型企业金融服务的补充通知	银监发〔2011〕94 号
12	中资商业银行法人机构应当符合的条件：最低限额为 10 亿元人民币或等值可兑换货币，城市商业银行法人机构注册资本最低限额为 1 亿元人民币；单个境外金融机构作为发起人或战略投资者向单个中资商业银行投资入股比例不得超过 20%，多个境外金融机构作为发起人或战略投资者投资入股比例合计不得超过 25%；商业银行资本充足率不低于 10.5%，非银行金融机构资本总额不低于加权风险资产总额的 10%	中资商业银行行政许可事项实施办法	中国银行业监督管理委员会令（2013 年第 1 号）

续表

序号	内容	规章	规章编号
13	国有商业银行法人机构、股份制商业银行法人机构的筹建申请，应当由发起人各方共同向银监会提交，银监会受理、审查并决定。银监会自受理之日起4个月内作出批准或不批准的书面决定。城市商业银行法人机构的筹建申请，应当由发起人各方共同向拟设地银监局提交，拟设地银监局受理并初步审查，银监会审查并决定。银监会自收到完整申请材料之日起4个月内作出批准或不批准的书面决定	中资商业银行行政许可事项实施办法	中国银行业监督管理委员会令（2013年第1号）
14	中资商业银行申请设立支行，应当符合的条件：国有商业银行、股份制商业银行、邮政储蓄银行在拟设地所在省、自治区、直辖市内设有分行、视同分行管理的机构或分行以上机构且正式营业1年以上，经营状况和风险管理状况良好。城市商业银行在拟设地同一地级或地级以上城市设有分行、视同分行管理的机构或分行以上机构且正式营业1年以上，经营状况和风险管理状况良好	中资商业银行行政许可事项实施办法	中国银行业监督管理委员会令（2013年第1号）
15	中资商业银行分行级专营机构、农村中小金融机构、除信托公司之外的非银行金融机构的开业核准由所在地银监局审批；城市商业银行省内新设分行、股份制商业银行新设不跨省的二级分行由所在地银监局审批；农村中小金融机构开办信用卡收单业务和使用统一品牌开办信用卡业务由所在地银监局审批	关于推进简政放权改进市场准入工作有关事项的通知	银监办发〔2014〕176号

续表

序号	内容	规章	规章编号
16	注册资本为实缴资本，最低限额为 10 亿元人民币或等值可兑换货币，城市商业银行法人机构注册资本最低限额为 1 亿元人民币；国有商业银行、股份制商业银行法人机构的开业申请应当向银监会提交，由银监会受理、审查并决定。城市商业银行法人机构的开业申请应当向所在地银监局提交，由所在地银监局受理、审查并决定；国有商业银行、邮政储蓄银行、股份制商业银行在拟设地所在省、自治区、直辖市内设有分行、视同分行管理的机构或分行以上机构且正式营业 1 年以上，经营状况和风险管理状况良好；城市商业银行在拟设地同一地级或地级以上城市设有分行、视同分行管理的机构或分行以上机构且正式营业 1 年以上，经营状况和风险管理状况良好	中资商业银行行政许可事项实施办法	中国银行业监督管理委员会令（2015 年第 2 号）

注：小企业授信划分标准，重点引导改善"授信总额 500 万元以下，资产总额 1 000 万元以下，销售额 3 000 万元以下"小企业的金融服务。

（一）不同规模银行机构准入审核监管的差异

在不同规模银行法人机构的设立上，根据 2004 年修订的《中华人民共和国商业银行法》和 2013 年最新修订的《中资商业银行行政许可事项实施办法》，一般性股份制商业银行和城市商业银行法人机构设立中，除了注册资本金数量要求不同、准入审批上级监管部门不同外，2013 年最新修订的《中资商业银行行政许可事项实施办法》去除了 2006 年版规定的对股份制商业银行和城市商业银行在审核基本条件上的一些差异，使不同规模商业银行机构设立审批上的差异性再次缩小。

在不同规模银行分支机构设立上，银监会《中资商业银行行政许可事项实施办法》未细化大型股份制银行、全国性股份制商业银行和城市商业银行在分支机构设立审批上的差异化要求，而是统一规定银行跨省（地区）设立机构应先设立分行级机构，在分行级机构正常运用 1 年、资产质量良好、无重大违法违规行为和因内部管理混乱导致的重大案件发生的情况下方可以考虑在该省内设立支行和支行以下的分支机构。未对城市商业银行和城市信用社设立分行事项做出规定，也就是意味着未考虑或者说不支持城市商业银行和城市信用社跨省设立分支机构；在分支机构设立的审查事项上，与《中资商业银行行政许可事项实施办法》所规定的无差异审批条件相比，《中小商业银行分支机构市场准入政策的调整意见（试行）》（银监发〔2009〕143号）取消了对于中小银行在"具有拨付营运资金的能力：拨付营运资金不少于1亿元人民币或等值自由兑换货币，拨付各分支机构营运资金总额不超过申请人资本净额的60%"上的要求；《中小商业银行分支机构市场准入政策的调整意见（试行）》（银监发〔2009〕143号），取消了股份制商业银行和城市商业银行满足一定条件下的分支机构数量的限制，明确了中小银行分支机构设立时重点审查事项。在分支机构数量限制上，取消了已在省会（首府）城市设有分行的股份制商业银行在该城市所在省（自治区）内的其他城市再申请设立下设分行和支行的数量限制，取消了城市商业银行在法人住所所在省（自治区、直辖市）内设立分支机构的数量指标限制，取消了股份制商业银行和城市商业银行在同城设立支行的数量限制。此外，银监会通过了《银行并表监管指引（试行）》（银监发〔2008〕5号），对大银行集团设立附属机构的准入申请增加了对其公司治理结构和并表管理能力的审核，对于公司治理结构不利于内部信息传递和实施并表监管措施的银行集团，银行业监督管理机构有权不批准其设立附属机构。总体而言，银监会监管政策简化了中小银行分支机构设立的监管条件，适度放宽了中小银行分支机构设立的数量限制，但相对于大银行而言，对于中小银行跨省分支机构的设立，尤其是对城市商业银行跨省分支机构的准入持谨慎态度。

（二）小企业授信机构准入的监管优惠

银监会在2007年发布《银行开展小企业授信工作指导意见》（银监发〔2007〕53号），提出"银监会对小企业授信业务表现出色的商业银行，可准予其增设机构和网点"，通过放宽机构准入监管的方式促进金融机构大力发展小企业授信业务，从侧面更有利于以小企业授信为主要业务目标的中小银行通过增设更多的机构网点与大银行争夺小企业客户的市场份额。继此之后，银监会又通过多项政策，如《关于调整小企业统计制度的通知》（银监办发〔2007〕188号）、《关于认真落实"有保有压"政策进一步改进小企业金融服务的通知》（银监发〔2008〕62号）、《关于进一步做好中小企业金融服务工作的若干意见》（银发〔2010〕193号）、《关于支持商业银行进一步改进小企业金融服务的通知》（银监发〔2011〕59号）、《关于支持商业银行进一步改进小型微型企业金融服务的补充通知》（银监发〔2011〕94号），除了进一步强调优先受理和审核小企业金融服务市场准入事项的有关申请、放松小企业授信金融机构的准入外，以量化规定的方式更加明确了获得分支机构准入监管支持的商业银行在小企业授信业务上需达到的条件。其中《关于支持商业银行进一步改进小企业金融服务的通知》（银监发〔2011〕59号）规定"连续两年实现小企业贷款投放增速不低于全部贷款平均增速且风险管控良好的商业银行，积极支持其增设分支机构"；《关于支持商业银行进一步改进小型微型企业金融服务的补充通知》（银监发〔2011〕94号）明确了"对于小型微型企业授信客户数占该行辖内所有企业授信客户数以及最近6个月月末平均小型微型企业授信余额占该行辖内企业授信余额达到一定比例以上的商业银行，可允许其一次同时筹建多家同城支行，原则上授信客户数占比东部沿海省份和计划单列市不应低于70%，其它省份应不低于60%"。

由上述两项不同规模银行机构准入的监管差异可见：一是银监会根据不同规模银行风险暴露项目的不同调整了对于不同规模银行机构的准入考察指标，严格"扶优限劣"，支持风险低、管理强的银行机构优先发展；二是以扶持地方经济、支持金融薄弱的重点领域为目标，银监会一方面放松了对中小银行分支机构数量的限制，另一方面通过对小企业授信业务达到一定标准的商业银行分支机构设立的监管鼓励，为小企业获得更多金融资源的同时对以小企业授信为核心业务的中小商业银行分支机构的设立更为有利。

三、非信贷业务监管的差异化分析

（一）非信贷业务资本充足性要求的差异

从监管部门对资产证券化业务和理财业务的监管规定上来看，并没有在业务准入条件上对不同规模银行予以不同的要求，而监管差异主要体现在对不同规模银行此两项业务资本计提要求上。例如，《商业银行资产证券化风险暴露监管资本计量指引》（银监发〔2009〕116号）对不同类商业银行在计算资产证券化业务监管资本要求时在内部评级法和标准法选择上的规定；《关于规范银信理财合作业务有关事项的通知》（银监发〔2010〕72号）要求银信合作理财业务转为表内业务时"大型银行应按照11.5%、中小银行按照10%的资本充足率要求计提资本"。

（二）金融衍生品交易的差异化管理

在对商业银行的金融衍生产品交易的规定中，《金融机构衍生产品交易业务管理暂行办法（修订）》明确指出"监管部门可以对其具体的业务模式、产品种类等实施差别化资格管理；监管部门可根据银行业金融机构的经营情况在该资本比例上限要求内实施动态差异化管理"。虽然没有对具体的"差异化"管理内容做出详细说明和细节规定，但这种不同规模银行监管差异化的思想已明确表现在监管规定之中，引导各级监管机构对金融衍生品监管实施差异化的手段。

此外，《关于银行业金融机构免除部分服务收费的通知》（银监发〔2011〕22号）免除了银行业部分服务收费，如"人民币个人储蓄账户、个人银行结算账户的开户手续费和销户手续费，同城本行存款、取款和转账手续费，密码修改手续费和密码重置手续费等"。虽然此业务免除规定并没有做出与银行规模不同相应的差异化规定，但是对于业务经营特征不同的大中小银行而言，此次免除部分服务费的规定会对不同规模银行产生不同的影响。原本"较低服务费用"是小银行相对于大银行的一项竞争优势，因此此服务费用免除规定，一方面与小银行相比较大幅度的降低了大银行的非利息收入，另一方面也使小银行失去了一项与大银行争夺客户群的强有力手段（表3-21）。

表3-21　中国大、中小银行非信贷业务监管差异化规定

序号	内容	规章	规章编号
1	从事信贷资产证券化业务的商业银行应当按照《商业银行资本充足率管理办法》和本办法计算资本充足率，商业银行应当基于信贷资产证券化业务的经济实质，而不仅限于法律形式计提资本。银监会根据贷款服务机构在信贷资产证券化业务活动中所承担义务和责任的经济实质，判断其是否形成证券化风险暴露，并按规定计提资本	金融机构信贷资产证券化试点监督管理办法	中国银行业监督管理委员会令（2005年第3号）

序号	内容	规章	规章编号
2	商业银行经银监会批准使用信用风险内部评级法计算某类资产证券化基础资产的资本要求的，必须使用资产证券化内部评级法计算同类基础资产的相应资产证券化风险暴露的资本要求。商业银行未得到银监会批准使用信用风险内部评级法计算某类证券化基础资产资本要求的，必须使用资产证券化标准法计算相应资产证券化风险暴露的资本要求	商业银行资产证券化风险暴露监管资本计量指引	银监发〔2009〕116号
3	对本通知发布以前约定和发生的银信理财合作业务，商业银行应严格按照要求将表外资产在今、明两年转入表内，并按照150%的拨备覆盖率要求计提拨备，同时大型银行应按照11.5%、中小银行按照10%的资本充足率要求计提资本	关于规范银信理财合作业务有关事项的通知	银监发〔2010〕72号
4	银行业金融机构开办衍生产品交易业务的资格分为以下两类：（一）基础类资格：只能从事套期保值类衍生产品交易；（二）普通类资格：除基础类资格可以从事的衍生产品交易之外，还可以从事非套期保值类衍生产品交易。根据银行业金融机构的风险管理能力，监管部门可以对其具体的业务模式、产品种类等实施差别化资格管理。银行业金融机构从事非套期保值类衍生产品交易，其标准法下市场风险资本不得超过银行业金融机构核心资本的3%。监管部门可根据银行业金融机构的经营情况在该资本比例上限要求内实施动态差异化管理。标准法下市场风险资本的计算方法按照《商业银行资本充足率管理办法》的相关规定执行	金融机构衍生产品交易业务管理暂行办法（修订）	中国银行业监督管理委员会令（2011年第1号）

续表

序号	内容	规章	规章编号
5	为提高银行业金融机构服务效率，提升服务水平，在坚持市场化原则的同时，进一步履行社会责任，决定免除部分服务收费。如人民币个人储蓄账户、个人银行结算账户的开户手续费和销户手续费，同城本行存款、取款和转账手续费，密码修改手续费和密码重置手续费等	关于银行业金融机构免除部分服务收费的通知	银监发〔2011〕22号

四、风险监测指标的差异化分析

（一）不同类风险管理方法与规模相应

银监会针对商业银行不同类型的风险先后发布了商业银行各类风险管理指引，如：《商业银行流动性风险管理指引》（银监发〔2009〕87号）、《商业银行银行账户利率风险管理指引》（银监发〔2009〕106号）、《商业银行银行账户信用风险暴露分类指引》，这些风险管理指引内容的共同点是均强调了风险计量技术、方法和监测指标应与商业银行的业务性质、规模和复杂程度紧密相关。尽管监管机构没有明确列示出针对不同规模银行不同类型风险所重点监管的不同监测方法和指标，但这一"风险管理方法与规模相应"的指引性纲领为实际监管工作的差异化和不同规模商业银行风险管理的差异化提供了政策依据。

（二）小企业贷款风险监控的差异化

银监会对小企业贷款（包括小微企业贷款）在风险监控上的差异化监管主要体现为两个方面，一方面是对小企业贷款分类方法的特殊规定，另一方面是对小企业不良贷款管理制度的优惠政策，目的均在于通过与小企业贷款特征相适应的更简化、适度优惠的监管手段促进小企业金融服务的发展。

在小企业贷款分类上，《贷款风险分类指引》（银监发〔2007〕54号）规定零售贷款（如自然人和小企业贷款）主要采取脱期法，依据贷款逾期时间长短直接划分风险类别，简化了对小企业贷款分类的划分方法。同时，在《贷款风险分类指引》基础上，针对小企业贷款的特点，《小企业贷款风险分类办法（试行）》（银监发〔2007〕63号）规定中引入了逾期期限、担保物、履约能力等要素，对小企业贷款风险分类进行动态调整。这对科学评估小企业贷款质量、改善小企业金融服务具有重要意义。

在小企业不良贷款的管理上，《关于认真落实"有保有压"政策进一步改进小企业金融服务的通知》（银监发〔2008〕62号）明确提出了"科学考核和及时处置小企业不良贷款，在科学测算的基础上合理制定小企业不良贷款控制指标和不良贷款比例，对小企业不良贷款实行单独考核"，这大大提高了商业银行对小企业不良贷款处置的灵活性。此后，2011年关于小企业不良贷款的考核和处置的监管政策均为小企业不良贷款的管理开通了绿色通道。如《关于支持商业银行进一步改进小企业金融服务的通知》（银监发〔2011〕59号）和《关于支持商业银行进一步改进小型微型企业金融服务的补充通知》（银监发〔2011〕94号）均规定"要对小企业不良贷款比率实行差异化考核，适当提高小企业不良贷款比率容忍度；制定不良贷款处理专项政策，对满足核销条件的小微企业不良贷款建立快速核销通道"。

此外，在商业银行信息披露规定上，监管机构弱化了对规模较小的商业银行的披露要求。《商业银行信息披露办法》中规定"资产总额低于10亿元人民币或存款余额低于5亿元人民币的商业银行，按照本办法规定进行信息披露确有困难的，经说明原因并制定未来信息披露计划，报中国银监会批准后，可免于信息披露"，减小了规模较小银行在信息披露上的人力和物力成本（表3-22）。

表3-22　中国大、中小银行风险监测指标差异化规定

序号	内容	规章	规章编号
1	自2004年起，各城市商业银行应按照监管部门的要求，以贷款五级分类的形式反映银行的资产质量状况。自2005年开始，各城市商业银行应按照贷款五级分类的要求，将表外资产和非信贷资产的分类和计提风险准备逐步纳入五年规划。到2006年年底，各城市商业银行资本充足率应基本满足8%的监管要求	城市商业银行监管与发展纲要	银监办发〔2004〕291号
2	资产总额低于10亿元人民币或存款余额低于5亿元人民币的商业银行，按照本办法规定进行信息披露确有困难的，经说明原因并制定未来信息披露计划，报中国银监会批准后，可免于信息披露	商业银行信息披露办法	中国银行业监督管理委员会令（2007年第7号）

续表

序号	内容	规章	规章编号
3	商业银行应按照本指引，至少将贷款划分为正常、关注、次级、可疑和损失五类，后三类合称为不良贷款。对零售贷款如自然人和小企业贷款主要采取脱期法，依据贷款逾期时间长短直接划分风险类别	贷款风险分类指引	银监发〔2007〕54号
4	在《贷款风险分类指引》基础上，针对小企业贷款的特点，引入逾期期限、担保物、履约能力等要素，对小企业贷款风险分类进行动态调整	小企业贷款风险分类办法（试行）	银监发〔2007〕63号
5	重要性原则下，商业银行的重要业务和资产类别应单独分类，对规模较小且风险程度较低的贷款可简化或合并分类；及时性原则下，根据客户类别和业务实际，商业银行应及时确定每笔业务的风险暴露类别	商业银行银行账户信用风险暴露分类指引	2008 - 09 - 18
6	科学考核和及时处置小企业不良贷款，采用先进的技术和准确的方法对小企业贷款进行风险分类，在科学测算的基础上合理制定小企业不良贷款控制指标和不良贷款比例，对小企业不良贷款实行单独考核。按照新的金融企业呆坏账核销管理办法，对小企业贷款损失依法及时核销	关于认真落实"有保有压"政策进一步改进小企业金融服务的通知	银监发〔2008〕62号
7	商业银行应根据本行的业务规模和复杂程度选择流动性风险管理模式，管理模式可以是集中、分散或二者相结合；商业银行应根据本行业务规模、复杂程度、风险水平和组织框架等制定应急计划，并根据经营和现金流量管理情况设定并监控银行内外部流动性预警指标以分析银行所面临的潜在流动性风险；督促商业银行建立和完善与银行业务特点、规模及复杂程度相适应的流动性风险管理体系，并鼓励公司治理完善、信息系统先进、数据积累合格、管理水平较高的商业银行采用先进方法管理流动性风险以便管理层及时采取措施避免流动性状况进一步恶化或突破流动性监管指标	商业银行流动性风险管理指引	银监发〔2009〕87号

续表

序号	内容	规章	规章编号
8	商业银行应根据本行的业务性质、规模和复杂程度，设定合理的假设前提和参数，采用适当的风险计量技术和方法，评估利率变动对其整体收益和经济价值的影响程度，计量所承担的银行账户利率风险。银监会鼓励商业银行采用多种方法，对银行账户利率风险进行计量。常用方法包括但不限于缺口分析、久期分析、敏感性分析、情景模拟及压力测试等	商业银行银行账户利率风险管理指引	银监发〔2009〕106号
9	银行业监管机构设置贷款拨备率和拨备覆盖率指标考核商业银行贷款损失准备的充足性。贷款拨备率为贷款损失准备与各项贷款余额之比；拨备覆盖率为贷款损失准备与不良贷款余额之比。贷款拨备率基本标准为2.5%，拨备覆盖率基本标准为150%。该两项标准中的较高者为商业银行贷款损失准备的监管标准。银行业监管机构依据业务特点、贷款质量、信用风险管理水平、贷款分类偏离度、呆账核销等因素对单家商业银行应达到的贷款损失准备监管标准进行差异化调整	商业银行贷款损失准备管理办法	中国银行业监督管理委员会令（2011年第4号）
10	建立动态调整贷款损失准备制度。监管部门将根据经济发展不同阶段、银行业金融机构贷款质量差异和盈利状况的不同，对贷款损失准备监管要求进行动态化和差异化调整	关于中国银行业实施新监管标准的指导意见	银监发〔2011〕44号
11	根据商业银行小企业贷款的风险、成本和核销等具体情况，对小企业不良贷款比率实行差异化考核，适当提高小企业不良贷款比率容忍度。加强小微企业贷款风险分类和不良贷款处置。针对小微企业贷款制定差异化资产质量分类办法，并制定不良贷款处理专项政策，对满足核销条件的小微企业不良贷款建立快速核销通道，加快核销频率和进度	关于支持商业银行进一步改进小企业金融服务的通知	银监发〔2011〕59号

序号	内容	规章	规章编号
12	各级监管机构应对商业银行小型微型企业贷款不良率执行差异化的考核标准，根据各行实际平均不良率适当放宽对小型微型企业贷款不良率的容忍度；各级监管机构应结合当前经济金融形势和小型微型企业贷款的风险点，及时做好小型微型企业贷款的风险提示与防范工作	关于支持商业银行进一步改进小型微型企业金融服务的补充通知	银监发〔2011〕94号
13	对商业银行人民币业务实施存贷比监管考核，对本外币合计和外币业务存贷比实施监测。计算存贷比分子（贷款）时，从中扣除以下6项：（一）支农再贷款、支小再贷款所对应的贷款；（二）"三农"专项金融债所对应的涉农贷款；（三）小微企业专项金融债所对应的小微企业贷款；（四）商业银行发行的剩余期限不少于1年，且债权人无权要求银行提前偿付的其他各类债券所对应的贷款；（五）商业银行使用国际金融组织或外国政府转贷资金发放的贷款；（六）村镇银行使用主发起行存放资金发放的农户和小微企业贷款	关于调整商业银行存贷比计算口径的通知	银监发〔2014〕34号
14	科学准确进行贷款风险分类，对小微企业续贷的，应当根据企业经营状况，严格按照贷款五级风险分类基本原则、分类标准，充分考虑借款人的还款能力、正常营业收入、信用评级以及担保等因素，合理确定续贷贷款的风险分类；切实做好小微企业贷款风险管理	关于完善和创新小微企业贷款服务，提高小微企业金融服务水平的通知	银监发〔2014〕36号
15	要落实有关提高小微企业贷款不良容忍度的监管要求。小微企业贷款不良率高出全行各项贷款不良率年度目标2个百分点以内（含）的，不作为内部对小微企业业务主办部门考核评价的扣分因素；要在建立科学合理的小微企业贷款风险定价机制基础上，努力履行社会责任，对诚实守信、经营稳健的优质小微企业减费让利；各级监管部门要坚持正向激励的监管导向，在市场准入、专项金融债发行、风险资产权重、存贷比考核及监管评级等方面落实对小微企业金融服务的差异化政策	关于2015年小微企业金融服务工作的指导意见	银监发〔2015〕8号

第五节 中美不同规模商业银行差异化
监管政策对比总结

一、中美资本监管差异化的比较

（一）相同点——均逐步加大了对大银行的资本监管要求

随着次贷危机的爆发及巴塞尔协议第三版新规定的出台，中美两国监管机构对不同规模银行资本监管差异的相同点是均逐步加大了对大银行的资本监管要求。如美国根据 Basel Ⅲ 和 2010 年的多德 - 弗兰克法案（Dodd - Frank Wall Street Reform and Consumer Protection Act, Dodd - Frank Act, 2010），从资本充足率要求、市场风险和流动性风险检测，以及通过年度资本计划的方式加大了对大银行的监管；中国监管部门正式文件《关于中国银行业实施新监管标准的指导意见》（银监发〔2011〕44 号）中规定正常条件下系统重要性银行和非系统重要性银行的资本充足率分别不低于 11.5% 和 10.5%，并做出了加大对系统重要性银行在发行自救债券、提高流动性监管要求、进一步严格大额风险暴露限制、提高集团层面并表风险治理监管标准四个方面的规定。虽然从资本充足率数量要求来看，各类规模银行的资本要求都有所提升，但相对而言，更加大了对大银行多方面的资本监管要求。

（二）不同点——美国对小银行的资本监管优惠政策更为直接

与对大银行资本监管力度加大相比，中美两国对于小银行的监管政策的实施手段有所不同。美国直接针对小银行进行债务、资本外延的调整缓解小银行监管负担，如，2006 年美联储规定小银行控股公司可以从债务中减去数量可高达股权（减去商誉）25% 的具有信托优先权的附属债务（Subordinated debt associated with trust preferred securities）；在特定条件下允许可赎回的优先股作为小银行控股公司资本账户的股本：①优先股仅是发行者有赎回的特权；②公司债务与股本的比例保持在 0.3∶1 之下；在次贷危机爆发后，小银行得到了相关救市政策的注资，且所获得的资金不视为债务，而是视为一级资本金。

与美国减缓小银行资本监管负担的直接手段相比，中国并没有直接针对中小银行提供资本监管优惠，而是多项政策出台用于完善小企业金融服务体系，具体政策是支持商业银行小企业贷款的资金来源（鼓励"小企业金融债"）和放宽小企业贷款资本要求（减小"小企业贷款风险权重"），间接地有利于中小银行服务中小企业的特色业务的发展，提高与大银行抗衡的竞争力。但是这种针对小企业贷款的政策支持的出发点并非扶持中小银行而是增大小企业金融服务力度，且只要是针对小企业的贷款，无论银行规模大小均可享受此优惠，因此，与美国监管机构直接对小银行债务、资本范围界定的调整相比，在对小银行的政策扶持或对大小银行资本监管的差异性上较为弱化。

二、中美机构准入监管差异化的比较

（一）相同点——支持服务于小企业或低收入社区的金融机构的准入

从中美两国对不同规模银行机构准入监管的差异来看，两者的一个共同点是对服务于小企业和低收入社区银行机构准入的支持。美国对于国家牌照和州牌照的银行，在投资或设立服务于小企业或低收入个体和地区的社区发展金融机构时的准入监管予以免除，可以不经过相应监管部门的审批；而中国银监会通过发布多项政策强调优先受理和审核小企业金融服务市场准入事项的有关申请、放松小企业授信金融机构的准入外，以量化规定的方式更加明确了获得分支机构准入监管支持的商业银行在小企业授信业务上需达到的条件。通过放宽机构准入监管的方式促进金融机构大力发展小企业授信业务，从侧面更有利于以小企业授信为主要业务目标的中小银行通过增设更多的机构网点与大银行争夺小企业客户的市场份额。

（二）两点不同之处

1. 美国通过 CRA 法案重视被审批机构对当地经济的金融服务状况和能力

如上面所提及的，中国在对银行分支机构准入上是否放宽的一个重要的考核标准是对小企业金融服务业务的完成情况。而与中国不同，美国在银行分支机构审批中更注重拟设立的机构对当地经济的金融服务状况，并且对不同规模银行在此方面的考核内容有所不同。具体的评估项目内容，比如不同规模银行均需评估拟设机构区域内外、该区域内不同收入地区的贷款活动，包括不同收入地区的中小企业及农业贷款的笔数和数量；不同收入群体的贷款情况，且大银行还需公布商业和农业小额贷款四个贷款数量区间的贷款金额；以及对年收入小于 100 万美元的小企业贷款数量与全部小企业贷款总量的比较。此外，注重大银行在创新和灵活性贷款实践上的使用，考虑大银行是否通过提供创新性或灵活性的信用产品开展对低收入和中等收入人群或地区的信贷活动；而注重小银行处理投诉的情况，是否面对评估地区信贷投诉采取了实质性的、创造性的解决方法或反应行动。

以服务当地经济为基础拓宽自身市场占有率是银行设立分支机构的目的所在，监管当局更应以是否能够提高当地金融服务数量和质量作为衡量银行分支机构设立的主要依据，而不应该仅以对小企业金融服务的提供作为判断标准。在这一点上，美国当前利用CRA法案在银行分支机构准入时对该银行服务于当地的金融服务状况和能力进行评估，并针对不同规模银行差异化的评估内容值得我国借鉴。

2. 对中小银行分支机构准入条件的放宽内容不同

从美国CRA法案对大小银行分支机构准入要求的对比分析来看，对小银行分支机构设立时需提交的材料和评估的项目均有所减少，一定程度上放宽了小银行分支机构的准入要求。具体而言，一方面在数据报告和记录保管的要求上，与大银行相比，小银行不必再报告发起、购买小企业、小农场和社区发展贷款，也没有规定对于小银行社区发展贷款、有效投资、社区发展服务的要求比例。另一方面，在CRA评级的评估项目上，除了贷款考核（lending test）外，出于对大银行较广泛的业务范围的考虑，大银行比小银行增多了对投资考核（investment test）和服务考核（service test）的要求。而即使在两者都有的贷款考核上也存在内容上的差异，对大银行在贷款占比、贷款地理分布、贷款人分布上的要求更加细致和全面。

与美国在所需提交的报告材料和具体评估项目两个方面的准入监管放松相比，中国对中小银行分支机构准入的鼓励政策就不那么明显了。《中小商业银行分支机构市场准入政策的调整意见（试行）》（银监发〔2009〕143号）取消了对中小银行"具有拨付营运资金的能力：拨付营运资金不少于1亿元人民币或等值自由兑换货币，拨付各分支机构营运资金总额不超过申请人资本净额的60%"的要求；取消了股份制商业银行和城市商业银行满足一定条件下的分支机构数量的限制。总体而言，银监会监管政策适当简化了中小银行分支机构设立的监管条件，适度放宽了中小银行分支机构设立的数量限制，但相对于大银行而言，对于中小银行跨省分支机构的设立，尤其是对城市商业银行跨省分支机构的准入持谨慎态度。

三、中美风险检测指标监测差异化的比较

（一）共同点——均强调将具体风险监测与银行规模相对应

从中美两国对不同规模银行风险检测指标的差异来看，两者的一个共同点是均提及或已做到将各类风险监测指标与银行规模相适应。其中美国 OCC 以资产规模 10 亿美元为界分别针对大银行和社区银行提出了不同的各类风险的监测指标；尽管中国监管机构没有明确列示出针对不同规模银行不同类型风险所重点监管的不同监测方法和指标，但银监会在发布的商业银行各类风险管理指引中强调了风险计量技术、方法和监测指标应与商业银行的业务性质、规模和复杂程度紧密相关。

（二）两点不同之处

1. 美国对各类监管指标在不同规模银行中有具体的规定

美国在不同规模银行不同类风险指标的监测上更为具体和明确，OCC 的两类监管规章（《Large Bank Supervision Comptroller's Handbook》和《Community Bank Supervision Comptroller's Handbook》）分别针对以资产规模 10 亿美元为界划分的大银行（包括中型银行）、社区银行，明确规定了这两类银行各自在信用风险、利率风险、操作风险和流动性风险监管衡量上定性、定量监测指标（具体各类指标在不同规模银行间的差异可见本章第二节）。与美国相比，中国的"风险管理方法与规模相应"的思想仍仅作为一项指引性纲领为实际监管工作提供差异化的政策依据，并没有以规章的形式将此差异化的思想具体到不同规模银行的各类风险的监测内容上。

2. 信用风险监管差异出发点不同

正如上述所提及的，美国信用风险监管差异具体体现在了各不同规模银行在定性和定量的信用风险监测内容上。而与其不同，中国信用风险的差异并非针对不同规模的银行，而是与资本监管差异和机构准入监管差异相同，将此监管差异的出发点落到了小企业金融服务上，一方面是对小企业贷款分类方法的特殊规定，另一方面是对小企业不良贷款管理制度的优惠政策。目的均在于通过与小企业贷款特征相适应的更简化、适度优惠的监管手段促进小企业金融服务的发展，也间接地对小企业贷款占比不同的大中小银行的信用风险管理带来不同程度的影响。

四、中国尚未利用存款保险制度进行差异化监管

上文曾阐述了美国针对三类不同规模的商业银行在存款保险制度上的若干差异。由于不同规模商业银行业务结构复杂性不同带来的风险特征不同，美国存款保险制度在对不同规模商业银行风险评估方法和内容上存在明显的差异。这种差异化监管措施，一方面能对不同规模商业银行的风险状况有更准确的评定，另一方面存款保险费用与风险大小的合理挂钩更充分体现了监管的公平性；尤其对小规模银行设定相对较低的保费比例，有利于提高中小企业这一特殊客户群体金融服务的可获得性。

与美国的存款保险制度及其所体现出的差异性不同，当前中国尚未设定法律意义上的显性存款保险制度，但是值得注意的是，大型国有控股银行却享受着国家给予的隐形存款保险。具体而言这种隐性存款保险，是指作为最大的股份持有人，国家对国有控股银行的存款人基本上提供完全的保护，存款人也将国有控股银行的信誉等同于国家信誉，降低了大型国有控股银行的资金成本，因而导致非国有控股中小银行的发展处于不利位置，大银行与小银行、国有控股银行和非国有控股银行处在不平等的竞争地位。况且与大型商业银行相比，中小商业银行流动性弱于大银行，面临着更高的风险性和不确定性。鉴于此，我国亟需引入显性存款保险制度，尤其是基于不同规模银行风险特征的差异化存款保险方案，以扭转当前中小银行在银行业竞争中的弱势地位，更好地保护中小银行客户群的利益，保证银行业在良性的竞争中健康发展。

专题3　商业银行创新资本工具

2014年，商业银行发行优先股顺利启动。4月，银监会协同证监会联合印发《中国银监会 中国证监会关于商业银行发行优先股补充一级资本的指导意见》（银监发〔2014〕12号），中国银行、中国农业银行和中国工商银行相继完成首笔优先股发行工作。二级资本债券发行实现常态化，境外市场发行试点破题，投资者群体进一步拓宽。2014年，42家银行境内合计发行3 569亿元二级资本债券，发行范围覆盖大型商业银行、股份制商业银行、城市商业银行及农村商业银行等各类机构。新型资本工具的会计、税务配套制度得以明确。

中国农业银行发行境内资本市场首只优先股。2014 年 11 月 28 日，中国农业银行 400 亿元优先股在上海证券交易所正式挂牌，标志着中国境内资本市场第一只优先股产品圆满完成发行及挂牌工作。

交通银行完成中资银行总行首单境外二级资本债券发行。2014 年 10 月 3 日，交通银行完成中资银行总行首单境外二级资本债券发行。交通银行此次发行的债券为符合《巴塞尔协议第三版》和银监会《商业银行资本管理办法（试行）》规定的减记型合格二级资本工具，债券分为美元和欧元两个品种，美元发行规模为 12 亿美元，债券期限为 10 年期（第 5 年末附有条件赎回权），欧元发行规模为 5 亿欧元，债券期限为 12 年期（第 7 年末附有条件赎回权）。

资料来源：2014 年中国银行业监督管理委员会年报。

第四章

中美不同规模商业银行差异化监管效率实证分析

第一节　监管效率实证分析的理论模型基础

一、微观监管手段有效性分析模型综述

Tchana，Fulbert（2008）认为监管手段经济效益的实证分析目前有两个方向。第一个方向是，计算在某种特定的监管政策实施期间银行所承担的风险、绩效水平，观察动态的经营状况是否与特定的风险监管有关，将这种方法叫内隐风险法（Implicit – Risk Method），这种方法一般被应用于特定经济下银行层面数据；第二个方向是，讨论特定经济下银行体系脆弱性。采用虚拟变量，如果银行体系处于系统性风险的状况，则为 1，否则为 0，这种 Explicit – Instability Method 方法较多应用于跨国数据。

（一）Implicit Risk Method

多种计量模型使用了 Implicit Risk Method 来估计监管变化的影响。其中主要的联立方程模型（Simultaneous Equation Model），一般适用于研究资本充足性要求对银行发展的影响；Discrete Regression Model 主要被用于在将评级机构的评级记录作为数据的研究中；Survival and Hazard Model 用于银行倒闭概率的模型中（Erlend，Baumann，2006；Sheldon，2006）；Tchana，Fulbert（2008）利用 Markov – Switching Regression Model（MSM）估计银行监管对于银行体系稳定性的关系，并评估监管对于危机持续期的影响；Reed，Randy Marl（1998）利用方差分析 ANCOVA 模型研究贷款损失是否与规模和监管因素有关；使用模型最简单但是实证范围最为广泛的是 James R. Barth，Gerard Caprio Jr.，Ross Levine（2003—2008），多篇文章使用基本的最小二乘估计方法或 logit 回归分析多种监管手段与银行业绩、风险、银行业结构的关系。

1. Simultaneous Equation Model

Simultaneous Equation Model（联立方程模型）典型代表是 Shrieves，Dahl（1992），分析美国银行体系资本充足性要求下，商业银行资本行为与其风险的关系。在计量分析中，资本行为与风险行为存在联立性，在模型选择上如果使用单一模型进行回归会出现内生性，回归结果存在偏差。为此，Shrieves，Dahl（1992）构建了基于资本行为与风险行为的联立方程组模型，将风险行为变量作为资本行为的解释变量，同时也将资本行为变量作为风险行为的解

释变量，使用三阶段最小二乘法进行回归。Simultaneous Equation Model 中重要的成分是银行资本比例的变化和组合风险的变化，这两者的变化被视为两种因素导致，自主调整和外生变化调整：

$$\begin{cases} \Delta CAP_{jt} = \Delta^d CAP_{jt} + E_{jt} \\ \Delta RISK_{jt} = \Delta^d RISK_{jt} + U_{jt} \end{cases}$$

其中，ΔCAP_{jt} 和 $\Delta RISK_{jt}$ 是银行 j 在 t 时期资本比例和风险水平的变化，$\Delta^d CAP_{jt}$ 和 $\Delta^d RISK_{jt}$ 是银行在一定条件下的调整，E_{jt} 和 U_{jt} 是外部的随机冲击，其中 $\Delta^d CAP_{jt}$ 和 $\Delta^d RISK_{jt}$ 的调整被认为遵循如下的规律：

$$\begin{cases} \Delta CAP_{jt} = \mu \left(CAP_{jt}^* - CAP_{j,t-1} \right) + E_{jt} \\ \Delta RISK_{jt} = \beta \left(RISK_{jt}^* - RISK_{j,t-1} \right) + U_{jt} \end{cases}$$

在此，资本比例和风险水平的变化（ΔCAP_{jt} 和 $\Delta RISK_{jt}$）被视为目标资本比例 CAP_{jt}^* 和目标风险水平 $RISK_{jt}^*$ 的函数。目标资本水平是不可观测的，但是它是由一些可被观测的变量决定的，包括了资产组合的风险变化 $\Delta RISK_{jt}$；同样，目标风险水平也是不可观测，但依赖于一些可被观测的变量，其中包括了资本水平的变化 ΔCAP_{jt}。其中最重要的变量——监管压力被表示为是否达到了最低资本要求，用二元变量 REG 表示，其他影响银行资本和风险变化的量表示为 OTHERS。模型转化为：

$$\begin{cases} \Delta CAP_{jt} = \mu_0 + \mu_1 REG_{jt} + \mu_2 OTHERS_{jt} + \mu_3 \Delta RISK_{jt} + \mu_4 CAP_{j,t-1} + \mu_{jt} \\ \Delta RISK_{jt} = \beta_0 + \beta_1 REG_{jt} + \beta_2 OTHERS_{jt} + \beta_3 \Delta CAP_{jt} + \beta_4 RISK_{j,t-1} + v_{jt} \end{cases}$$

后续一些学者在进行资本监管与风险关系的计量分析时，Rime（2000），Nachane 等人（2000），Mohammed Ershad Hussain（2007）均沿用了此联立方程组回归模型方法。Mohammed Ershad Hussain（2007）设定上述模型中目标资本水平 CAP_{jt}^* 取决的变量包括银行规模（SIZE），银行盈利（ROA），对政府债券的投资（BONDS），资产流动性（LIQUIDITY）；目标风险水平 $RISK_{jt}^*$ 取决于规模（SIZE），资产损失准备（LLOSS），债券（BONDS），流动性（LIQUIDITY），并使用了三阶段最小二乘法估计了最终得到的两个等式。此外，对国内商业银行监管压力下资本行为和风险水平的研究也使用过联立方程组模型（如，吴栋和周建平，2006；朱建武，2006；王晓龙和周好文，2007；吴俊等，2008）。

2. Discrete Regression Model

一些作者利用国际风险评估机构提供的商业银行的评级数据作为银行的

风险度量变量（Demirgü – Kunt，Detragiache，2006）。

$$RAT_{ij} = \beta_0 + \beta_1 REG_j + \beta_2 BKC_{ij} + \beta_3 INS_j + \beta_4 MEV_j + \mu_{ij}$$

由于因变量 RAT_{ij} 是从 E 到 A + 有限个等级变量，因此采用 probit 或 logit 方法对等式进行估计。其中，REG 是监管变量，BKC 是银行特征变量，INS 是机构特征变量，MEV 是宏观经济变量。

3. Survival and Hazard Model

一些学者将银行倒闭的概率作为度量风险的变量，研究银行监管对银行倒闭概率的影响（Kaplan – Meier，1994）。Kris James（2001）利用美国不同州监管政策不同可以用于检测在 1929—1933 年大萧条时期监管因素是否影响了州银行体系的稳定性，使用了较为简单的加权最小二乘方法，其中因变量是银行倒闭的比例，自变量是各类监管手段：

$$FRSB_{it} = \beta_0 + \beta_1 NOBRANCH_i + \beta_2 CAP_i + \beta_3 RES_i + \beta_4 SUPTERM_i + \beta_5 BANK/EXAM_i +$$
$$\beta_6 CHARTER_i + \beta_7 LIQUIDATION_i + \beta_8 FRNB_{it} + \varepsilon_{it}$$

其中 $NOBRANCH_i$ 为虚拟变量表示此州是否允许设立分支机构，CAP_i 为最低资本要求，RES_i 是储备要求，$SUPTERM_i$ 是监管者的任期，$CHARTER_i$ 和 $LIQUIDATION_i$ 分别是表示准入授权和流动性授权的虚拟变量。

4. Markov – Switching Regression Model（MSM）

Tchana，Fulbert（2008）以银行危机指数和 Markov – Switching 回归为基础，利用 Markov – Switching Regression Model（MSM），估计银行监管对于银行体系稳定的关系，并评估监管对于危机持续期的影响。文章发现，准入限制的减少增加了危机的持续期和银行危机发生的概率；储备要求减少了危机持续期但增加了银行脆弱性；存款保险增加了印度尼西亚银行体系的稳定性并减少了银行风险持续期；资本充足性要求改善了银行稳定性并减少了逾期的银行危机。Ho（2004）也使用了 MSM 来研究银行危机，他利用此模型检测银行危机的演进，但是并没有使用 MSM 框架来研究银行监管对于银行体系稳定性的影响。

5. 协方差分析 ANCOVA 模型

Reed，Randy Marl（1998）使用方差分析（Analysis of Covariance，ANCOVA）模型来回归研究贷款损失是否与规模和监管因素有关，具体模型是：

$$Y = \mu + \alpha + \beta + D\alpha\beta_1 + \sum \beta(X - \bar{X}) + \varepsilon$$

其中 Y 代表净贷款损失，μ 是均值，α 是代表银行规模（大、中、小）的虚拟变量，β 表示是否为控股公司的附属机构。协方差分析的应用条件为：①各样本是相互独立的随机样本；②各样本来自正态分布总体；③各总体方差相等，即方差齐性。

6. 多监管手段变量多元回归分析

使用模型最简单但是实证范围最为广泛的是 James R. Barth，Gerard Caprio Jr.，Ross Levine（2003—2008），多篇文章使用基本的最小二乘估计方法或 logit 回归分析多种监管手段与银行业绩、风险、银行业结构的关系，其中被回归检验的监管手段包括：①对银行业务活动、银行与商业的混合的监管限制；②国内外银行的准入监管；③资本充足率的监管；④存款保险系统设置的特点；⑤监管权力、独立性和资源；⑥贷款分类严格性、条款标准、多方面的纲要；⑦监管促进对信息的披露和私人监督；⑧政府的所有权。衡量这些监管手段影响的因变量包括银行业产值、净边际利润、经费支出、不良贷款和危机发生次数。

（二）Explicit - Instability Method

表示银行风险的因变量是虚拟变量时，有两种方法用于研究银行监管与银行不稳定的关系。第一种方法是 DKD98 方法（Demirgüc - Kunt，Detragiache，1998），因变量代表一个国家银行体系在时间 t 时遭受系统风险的概率，使用面板数据利用离散回归模型 logit；第二种方法是应用跨地区数据的离散回归模型。如 Barth，Capro，Levine（2004）利用 5 年的跨地区数据，如果一个国家在 5 年遭受了系统性风险，则为 1，否则为 0。利用 logit 模型估计每个监管变量对于银行不稳定的影响。

二、实证分析中变量选取及量化方法的综述

（一）微观监管手段的量化指标归纳

1. 资本监管要求

（1）资本监管的虚拟变量

衡量资本监管通常的方法是建立个虚拟变量，低于最低资本监管要求则为 1，等于或高于则为 0（Jacques，Nigro，1997；Rime，2000）。而 Mohammed Ershad Hussain（2007）考虑到，资本充足性不足的银行受到资本比例的影响，资本比例与要求值的差距反映了这个银行所面临的监管压力。文中所设

立的监管虚拟变量是，当银行处于资本不足水平时，为最低资本监管值与实际值的差额；当超过或达到充足水平时，取0。

$$REG = \begin{cases} THR - CAR & if\ CAR < THR \\ 0 & otherwise \end{cases}$$

（2）最低资本充足比例要求

用监管的最低资本充足率要求表示资本监管状况，如 Kris James（2001）和 James R. Barth，Gerard Caprio Jr.，Ross Levine（2003）。

（3）结构上的资本要求

诸如，可作为监管资本的资金来源是否包括除了现金、政府债券、介入资金以外的资产，是否监管部门承认这些资金来源（James R. Barth，Gerard Caprio Jr.，Ross Levine，2003）。

2. 银行行为和商业活动限制

（1）银行活动的监管变量

· 证券活动：银行进行证券承销、交易和基金行业活动的能力；

· 保险活动：银行进行保险买卖交易的能力；

· 固定资产活动：银行从事房地产投资、开发、管理业务的能力。

（2）银行和商业行为混合的监管变量

· 拥有非金融公司的银行，对其拥有和控制非金融公司能力的限制；

· 拥有银行的非金融公司（如上反之）；

此外，建立了一个综合的反映对银行活动限制的变量。

3. 国内外银行准入的规定

设立虚拟变量表示是否允许设立分行（Kris James，2001）；

申请被拒绝的比例：

· 国内申请者被拒绝的比例；

· 国外申请者被拒绝的比例（James R. Barth，Gerard Caprio Jr.，Ross Levine，2003）；

· 国内准入限制的衡量指标是申请银行牌照所需要的以下要求的项数：①法律草案；②组织机构表；③前3年的财务状况；④主要潜在股动的财务信息；⑤未来董事会的背景；⑥未来经理人的背景；⑦资本金来源；⑧市场的差异化目标（James R. Barth，Gerard Caprio Jr.，and Ross Levine，2008）。

4. 存款保险制度

（1）用虚拟变量表示是否存在存款保险制度（Demirgüç–Kunt et al.，2001）。

（2）存款保险基金来源（政府、银行、还是两者）（Demirgüç – Kunt et al.，2001）。

（3）保险费用的变化（World Bank Survey of Bank Supervision，2003）。

（4）存款保险公司的权利：以下问题，1为是，0为否（James R. Barth，Gerard Caprio Jr.，Ross Levine，2003，下同）：

①是否干预银行决定；

②是否可以采取法律行动反对银行股东或官员；

③是否曾经采取法律行动反对银行股东或官员。

（5）存款保险资金与银行总资产的比例。

（6）道德风险指数：以 Demirgüç – Kunt，Detragiache（2002）设计的存款保险系统为基础，包括：①共同保险（coinsurance）；②国外的货币存款覆盖（foreign currency deposits covered）；③银行间存款覆盖（interbank deposits covered）；④资金类型（type of funding）；⑤资金来源（source of funding）；⑥管理水平（management）；⑦产权关系（membership）；⑧覆盖范围程度（the level of explicit coverage）。这个指数值越高，表示道德风险越大。

5. 官方机构监管

（1）资产中政府债券的占比（Mohammed Ershad Hussain，2007）。有较高政府债券比例的银行预计通过债券的销售获得资本。如 Aggarwal，Jacques（2001）指出如果银行持有较高的政府债券，他们需要较低的资本水平来符合现存的监管，同时，在资产组合中有较高政府债券的银行具有较低的风险。因此预计风险与政府债券持有数量负相关。

（2）存款储备要求[活期存放(demand deposit)的比例]（Kris James，2001）。

（3）官方的监管行为变量（James R. Barth，Gerard Caprio Jr.，Ross Levine，2003，下同）：

①官方的监管实力：衡量官方多大程度上可以采取特定的行动组织和修正问题：

· 迅速修正的权利：衡量多大程度上法律可以界定银行达到破产的水平，多大程度上监管者可以有权利去干预要求银行破产；

· 重组的权利：监管机构多大程度上有权利重建一个陷入困境的银行；

· 宣布破产的权利。

②监管机构的容忍性：监管机构多大程度上能够容忍对法律和监管法规

的违反或其他不理智的行为。

③贷款分类：是否贷款一定要分为次级、可疑、损失。

④严格的资产准备：衡量银行必须建立多大范围的准备，以预防次级、可疑、损失的贷款。

⑤多元化指数：是否监管部门支持地理上的资产的多样化。

·多样化的纲领：是否有明确、可证实、可计量的纲领支持资产多样化；

·禁止国外贷款的政策。

6. 监管者的经历和结构

（1）监管者的任期（Kris James，2001）。

（2）监管机构的独立性（James R. Barth，Gerard Caprio Jr.，Ross Levine，2003，下同）：

·监管官方的独立性——政治角度，监管机构是否独立于政府；

·监管官方的独立性——银行角度，监管机构是否能够摆脱来自于银行和其他地方的诉讼。

（3）是否多个监管者：

是否仅有一个监管银行的机构，还是多个监管机构共同承担监管国内银行的责任。如果多于一个赋值1，否则赋值0。

（二）监管效率衡量指标的选取及量化

有关监管效率衡量指标的选取及量化在第一章第二节"银行监管效率的内涵与判定"中已做了综述，并整理为表1－2。本节监管手段（自变量）、监管效率指标（因变量）的量化归纳，为下一节监管效率实证分析中的变量选取提供了依据。

第二节　中美不同规模商业银行差异化监管效率实证分析

一、模型选定和变量选取

（一）模型选定

在差异化资本监管效率的实证研究中，本书借鉴了Shrieves，Dahl（1992）在分析资本监管环境下商业银行资本行为与其风险关系时采用的联立方程模型（Simultaneous Equation Model）。如本章第一节所介绍，Shrieves，Dahl（1992）构建了基于资本行为与风险行为的联立方程组模型，将风险行为变量作为资本行为的解释变量，同时也将资本行为变量作为风险行为的解释变量，使用三阶段最小二乘法进行回归。联立方程模型中重要的成分是银行资本的变化和组合风险的变化，这两者的变化被视为两种因素导致，自主调整和外生变化调整：

$$\begin{cases} \Delta CAP_{jt} = \Delta^d CAP_{jt} + E_{jt} \\ \Delta RISK_{jt} = \Delta^d RISK_{jt} + U_{jt} \end{cases} \qquad ①$$

其中，ΔCAP_{jt} 和 $\Delta RISK_{jt}$ 是银行 j 在 t 时期资本比例和风险水平的变化，$\Delta^d CAP_{jt}$ 和 $\Delta^d RISK_{jt}$ 是银行在一定条件下的调整，E_{jt} 和 U_{jt} 是外部的随机冲击，其中 $\Delta^d CAP_{jt}$ 和 $\Delta^d RISK_{jt}$ 的调整被认为遵循如下的规律：

$$\begin{cases} \Delta CAP_{jt} = \mu\ (CAP_{jt}^* - CAP_{j,t-1})\ + E_{jt} \\ \Delta RISK_{jt} = \beta\ (RISK_{jt}^* - RISK_{j,t-1})\ + U_{jt} \end{cases} \qquad ②$$

在此，资本水平和风险水平的变化（ΔCAP_{jt} 和 $\Delta RISK_{jt}$）被视为目标资本水平 CAP_{jt}^* 和目标风险水平 $RISK_{jt}^*$ 的函数。目标资本水平是不可观测的，但是它是由一些可被观测的变量决定的，包括了资产组合的风险变化 ΔRIS_{jt}；同样，目标风险水平也是不可观测的，但依赖于一些可被观测的变量，其中包括了资本水平的变化 ΔCAP_{jt}。其中最重要的变量，监管压力被表示为是否达到了最低资本要求，用二元变量 REG 表示，其他影响目标资本水平 CAP_{jt}^* 和目标风险水平 $RISK_{jt}^*$、进而影响银行资本和风险变化的量表示为 OTHERS。模型转化为：

$$\begin{cases} \Delta CAP_{jt} = \mu_0 + \mu_1 REG_{jt} + \mu_2 OTHERS_{jt} + \mu_3 \Delta RISK_{jt} + \mu_4 CAP_{j,t-1} + \mu_{jt} \\ \Delta RISK_{jt} = \beta_0 + \beta_1 REG_{jt} + \beta_2 OTHERS_{jt} + \beta_3 \Delta CAP_{jt} + \beta_4 RISK_{j,t-1} + v_{jt} \end{cases} \qquad ③$$

后续一些学者在进行资本监管与风险关系的计量分析时，Jacques，Nigro（1997），Rime（2000），Nachane 等（2000），Mohammed Ershad Hussain（2007）均沿用了此联立方程回归模型方法。此外，对国内商业银行监管压力下资本行为和风险水平的研究也使用过联立方程组模型（如：吴栋和周建平，2006；朱建武，2006；王晓龙和周好文，2007；吴俊等，2008）。

本书在借鉴 Shrieves，Dahl（1992）的联立方程组模型实证分析不同规模银行的差异化监管的有效性（稳定性、盈利性、公平性、发展性）状况影响时，一方面，在实证资本监管与"稳定性"关系时完全引用此模型观察资本监管与银行风险变化（上述模型中的 $\Delta RISK_{jt}$）的相关性；另一方面，对于"盈利性"、"公平性"和"发展性"的分析，鉴于 Shrieves，Dahl（1992）模型中 ΔCAP_{jt} 和 $\Delta RISK_{jt}$ 联立方程的建立基于资本水平 CAP_{jt} 与银行风险 $RISK_{jt}$ 间具有相关关系，而资本水平与银行业盈利性（PROFIT）、银行业公平性（EQUITY）、银行业发展性（DEVELOPMENT）也具有紧密的相关性，因此本书的一个创新之处在于，将 Shrieves，Dahl（1992）模型中 ΔCAP_{jt} 和 $\Delta RISK_{jt}$ 联立方程③拓展为 ΔCAP_{jt} 和 $\Delta PROFIT_{jt}$、ΔCAP_{jt} 和 $\Delta EQUITY_{jt}$、ΔCAP_{jt} 和 $\Delta DEVELOPMENT_{jt}$ 的联立方程模型（即④⑤⑥）。利用③④⑤⑥四个联立方程的三阶段最小二乘回归，验证差异化资本监管在此四个方面的有效性。

$$\begin{cases} \Delta CAP_{jt} = \mu_0 + \mu_1 REG_{jt} + \mu_2 OTHERS_{jt} + \mu_3 \Delta PROFIT_{jt} + \mu_4 CAP_{j,t-1} + \mu_{it} \\ \Delta PROFIT_{jt} = \beta_0 + \beta_1 REG_{jt} + \beta_2 OTHERS_{jt} + \beta_3 \Delta CAP_{jt} + \beta_4 PROFIT_{j,t-1} + v_{it} \end{cases} \quad ④$$

$$\begin{cases} \Delta CAP_{jt} = \mu_0 + \mu_1 REG_{jt} + \mu_2 OTHERS_{jt} + \mu_3 \Delta EQUITY_{jt} + \mu_4 CAP_{j,t-1} + \mu_{jt} \\ \Delta EQUITY_{jt} = \beta_0 + \beta_1 REG_{jt} + \beta_2 OTHERS_{jt} + \beta_3 \Delta CAP_{jt} + \beta_4 EQUITY_{j,t-1} + v_{jt} \end{cases} \quad ⑤$$

$$\begin{cases} \Delta CAP_{jt} = \mu_0 + \mu_1 REG_{jt} + \mu_2 OTHERS_{jt} + \mu_3 \Delta DEVELOPMENT_{jt} + \mu_4 CAP_{j,t-1} + \mu_{jt} \\ \Delta DEVELOPMENT_{jt} = \beta_0 + \beta_1 REG_{jt} + \beta_2 OTHERS_{jt} + \beta_3 \Delta CAP_{jt} + \beta_4 DEVELOPMENT_{j,t-1} + v_{jt} \end{cases}$$
$$⑥$$

（二）变量选取

1. 被解释变量（因变量）的选取

根据表 1-2 中对监管效率衡量指标的归纳和文献参考，上述方程中被解释变量的选取如下：

对于资本水平变化 ΔCAP_{jt}，本书选用国际通用的资本充足率代表资本水平的变化，资本补充行为可由资本充足率的变动值来表示。

对于表示银行业稳定性的风险水平的变化 $\Delta RISK_{jt}$ 使用风险加权资产与总资产的比值（Shrieves，Dahl，1992；Rime，2001）作为风险的事前指标，以此刻画商业银行的风险承担状况。此外，在其他类实证分析中也有部分学者利用风险权重资产与总资产的比例衡量银行的风险水平（Tchana，Fulbert，2008；Avery，Berger，1991；Berger，1995；Shrieves，Dahl，1992）。

对于表示银行效率的变量，资产收益率（ROA）和资本回报率（ROE）是学界和业界公认的盈利水平度量指标。

对于表示银行业公平性的变量，使用 HHI 指数和中小企业贷款占比。

对于表示银行发展性的变量，使用金融业产值对国内生产总值的贡献，即金融业产值与 GDP 之比。

2. 解释变量（自变量）的选取

对于衡量资本监管水平的变量 REG_{jt}，参考第一节中对以往"实证分析中变量选取及量化方法的综述"，本书设立了两个变量从资本监管的数量要求和结构要求两个方面更为全面地表示资本监管政策。表示资本监管数量要求的变量 $REGS_{jt}$ 借鉴了 Mohammed Ershad Hussain（2007）一文中所设立的监管虚拟变量是：当银行处于资本不足水平时，为最低资本监管值与实际值的差额；当超过或达到充足水平时，取 0。

$$REG = \begin{cases} THR - CAR & \text{if } CAR < THR \\ 0 & \text{otherwise} \end{cases}$$

而表示资本监管结构要求的变量 $REGJ_{jt}$，用于表示监管资本的资金来源是否包括除了现金、政府债券、介入资金以外的资产，或者是否监管部门允许了新的资金来源的渠道（James R. Barth, Gerard Caprio Jr., Ross Levine, 2003）。如果有新的有利于扩充某类银行资本金来源的政策，则赋值 1，否则赋值 0。

3. 控制变量

Mohammed Ershad Hussain（2007）、朱建武（2007）等设定模型③中决定资本水平 ΔCAP_{jt} 的其他变量 $OTHERS_{jt}$ 包括银行规模（SIZE），银行盈利（ROA），对政府债券的投资（BONDS），资产流动性（LIQUIDITY）；决定风险水平变化 $\Delta RISK_{jt}$ 的其他变量 $OTHERS_{jt}$ 包括规模（SIZE），资产损失准备（LLOSS），债券（BONDS），流动性（LIQUIDITY）。此外，表示国家宏观经济的变量 GDP 增长（Chiuri et al., 2000；Demirgü - Kunt, Detragiache, 2006）和表示银行业整体发展状况的指标银行业产值与 GDP 的比例（James R. Barth, Luis G. Dopico, Daniel E. Nolle, James A. Wilcox, 2003）也不容忽视。

鉴于此，本书对于模型③④⑤⑥中决定 $\Delta RISK_{jt}$、$\Delta PROFIT_{jt}$、$\Delta EQUITY_{jt}$、$\Delta DEVELOPMENT_{jt}$ 的其他变量 $OTHERS_{jt}$ 包括银行规模（SIZE）、资产流动性（LIQUIDITY）、资产损失准备（LLOSS）以及 GDP 增长情况。

结合上述对各类变量选取情况的介绍，进一步将本书实证分析中变量的选取概括为表 4 - 1：

表 4 – 1　本书实证分析变量选取情况概括

变量类别		具体变量	变量代码[①]
被解释变量	银行稳定性 $RISK_{jt}$	资本充足率变化	ΔCAP_{jt}
		风险加权资产与总资产的比值	$RISKASSET_{jt}$
	银行效率性 $PROFIT_{jt}$	资产收益率	ROA_{jt}
		资本收益率	ROE_{jt}
	银行公平行 $EQUITY_{jt}$	不同类型银行资产份额的加权平均值（HHI 指数）	HHI_{jt} HHI 指数：Herfindahl Index $= \sum_{t=1}^{n} w_t^2$ 其中 n 是银行数量，w 是银行 t 市场份额权重
		中小企业贷款余额占贷款总额的比例	SME_{jt}
	银行发展性 $DEVELOPMENT_{jt}$	金融业产值占 GDP 的比例	FIN_{jt}
解释变量	资本监管——数量要求	当银行处于资本不足水平时，为最低资本监管值与实际值的差额；当超过或达到充足水平时，取 0	表示资本监管数量要求的虚拟变量： $REGS_{jt} = \begin{cases} THR - CAR & if\ CAR < THR \\ 0 & otherwise \end{cases}$
	资本监管——结构要求	用于表示监管资本的资金来源是否包括除了现金、政府债券、介入资金以外的资产，或者是否监管部门允许了新的资金来源的渠道	表示资本监管结构要求的虚拟变量： $REGJ_{jt} = \begin{cases} 1 \\ 0 \end{cases}$ 如果有新的有利于扩充某类银行资本金来源的政策；是否增加了其他与资本监管非数量要求；有则赋值 1，否则赋值 0
控制变量	—	银行规模（SIZE）、资产流动性（LIQUIDITY）以及 GDP 增长	1. 银行规模 $SIZE_{jt}$： $SIZE_{jt} = \begin{cases} 1 & 大银行 1，中小银行 0； \\ 0 \end{cases}$ 2. 资产流动性 $LIQUIDITY_{jt} =$ 流动资产/流动负债； 3. GDP 情况用 LnGDP 表示

注：各变量的下角标 jt，表示第 j 家银行第 t 年的情况。

在做好模型选定和变量选取之后，分别收集美国、中国的样本数据，对两个国家采取的差异化资本监管政策效率进行实证检验。

二、美国不同规模商业银行差异化资本监管实证

（一）样本选取

从美国联邦保险公司 FDIC 网站 Bank Data & Statistics 板块公开数据中选取分布在不同州的 100 家银行，其中大型银行 50 家，小型（社区类）银行 50 家[①]，此外，部分补充数据摘自 FDIC "Quarterly Banking Profile" 和 FDIC "Banking Review"。数据区间为近 25 年，即 1985 年至 2012 年。形成非平衡面板数据，利用第一部分中的③④⑤⑥四个联立方程，进行三阶段最小二乘回归，验证美国差异化监管的有效性。

（二）回归过程及结果分析

利用上述的模型、变量及样本，进行的三阶段最小二乘回归结果如表 4 - 2：

表 4 - 2　回归结果汇总表

	稳定性 $\Delta RISK_{jt}$		盈利性 $\Delta PROFIT_{jt}$		公平性 $\Delta EQUITY_{jt}$		发展性 $\Delta DEVELOPMENT_{jt}$
	ΔCAP_{jt}	$RISKASSET_{jt}$	ROA_{jt}	ROE_{jt}	HHI_{jt}	SME_{jt}	FIN_{jt}
ΔCAP_{jt}	—	0.163 (0.122)	0.156 (0.032)	1.314 (0.155)	3.056 (0.032)	—	0.038 (0.015)
$\Delta CAP_{j,t-1}$	—	0.176 (0.024)	0.051 (0.015)	0.344 (0.653)	0.045 (0.142)	—	0.067 (0.063)
$REGS_{jt}$	0.008 (0.013)	0.426 (0.284)	0.054 (0.045)	0.317 (0.355)	0.256 (0.045)	—	0.479 (1.101)
$REGS_{j,t-1}$	1.276*** (3.382)	0.157 (0.122)	-0.161 (1.056)	-0.068 (0.058)	0.056 (0.042)	—	0.314 (0.655)
$REGJ_{jt}$	0.132 (0.096)	0.006 (0.047)	0.118 (0.032)	-0.047 (0.015)	-0.107*** (5.021)	—	0.056 (0.042)

---

① 大、小银行的界定标准按 OCC 界定标准。

续表

	稳定性 $\Delta RISK_{jt}$		盈利性 $\Delta PROFIT_{jt}$		公平性 $\Delta EQUITY_{jt}$		发展性 $\Delta DEVELOPMENT_{jt}$
	ΔCAP_{jt}	$RISKASSET_{jt}$	ROA_{jt}	ROE_{jt}	HHI_{jt}	SME_{jt}	FIN_{jt}
$REGJ_{j,t-1}$	0.983 ***	0.023	0.576 **	0.145 **	−1.164 ***	—	0.019
	(4.291)	(0.037)	(2.251)	(2.061)	(3.419)		(0.136)
$SIZE_{jt}$	−0.130 *	−1.747 **	−1.298	−0.920 *	1.008	—	0.034
	(1.776)	(2.081)	(1.482)	(1.938)	(0.213)		(0.213)
$LIQUDITY_{jt}$	—	—	—	—	—	—	—
$LnGDP_{jt}$	0.018	0.223	1.238	0.025	0.423		−0.323
	(0.042)	(0.047)	(0.482)	(0.047)	(0.037)		(0.027)

注：①表中各变量的第一行为估计系数，第二行括号内为 t 值；②＊、＊＊、＊＊＊分别表示在 10%、5%、1%的置信区间内显著。

1. 资本监管差异与银行业稳定性

（1）资本监管与资本补充

由上述显著性指标可见，在资本充足率的变化上，资本监管的数量要求对银行滞后一期资本充足率的变化有显著影响，即美国商业银行资本充足率对资本监管政策的变化较为敏感。在美国资本市场较为发达融资较为便利的情况下，商业银行补充资本的渠道较为顺畅，可保证美国大、小银行在监管压力下资本得到迅速的补充调整以满足资本充足率的要求，保持资本充足率维持在较高的水平。这与 Furfine（2001）对 1989—2007 年美国银行的面板数据研究结论相符，他发现在资本数量监管的约束下，美国银行普遍能够迅速调整资本充足率。Berger 等（2009）对 1992—2006 年美国上市大银行数据研究发现，大银行会积极采用多种手段管理资本，而不是消极使用留存收益的方法维系，制定了高于监管要求的目标资本水平，并根据实际资本水平与目标水平之间的差距迅速调整。

此外，资本监管结构要求上对小银行资本来源渠道的放宽有助于其资本的增加，进而对整个银行业的资本充足率水平的提高有显著的效应。

（2）资本监管与风险加权资产占比

根据实证结果，资本监管无论是数量监管变量还是结构监管变量均对风险资产的比例无显著性的影响，但银行规模与风险加权资产的比例却具有显著负相关性。究其原因，由于不同规模银行在业务结构、融资渠道等多方面的不同，资本监管数量和结构上两个方面的监管要求，对不同规模银行安全性影响的效用程度不同甚至相反，使得整体上资本监管手段的显著性降低。

对大银行资本数量监管和结构监管约束的加强均对其风险资产比例的下降有显著的影响，具体而言：一方面资本监管的数量要求使得资本充足率提高的压力加大，银行减少风险资产以提高资本充足率；另一方面，几年来多方面对银行资产经营业务的限制及相应资本要求的提高，使得风险资产占比缩小。但与大银行相比，小银行所面临的资本数量监管和结构监管对其风险资产比例的影响效用不同，监管机构给予小银行适度的资本结构监管的放宽，并且结构监管的放宽对小银行风险资产的上升效应显著。尽管资本数量要求下资本充足率的提高对小银行风险资产有下降效应，但是由上述显著性指标可得，资产充足率提高带来的下降效应对小银行风险资产比例的变化并不显著，使得小银行的风险资产比例略有上升。这也表明，在小银行资本融资工具和市场变量的情况下，资本充足率数量要求的提高可以通过资本的迅速补充得到满足，而不需要降低风险资产比例。

2. 资本监管差异与银行业盈利性

由实证结果可见，资本监管的数量要求对银行业盈利性无显著影响，但是资本监管结构上的众多差异性对不同规模银行的盈利性乃至对整个银行业的盈利性有显著影响，具体影响情况的分析如下：

在分析归纳不同规模银行差异化资本监管的基础上，本书收集并对比分析了近25年美国大、小银行（实证选取的样本银行）在总体业绩指标（ROA和ROE）、利息和非利息收入指标，以及不同类型的成本指标上的变化，将不同规模银行绩效指标的变化与上述分析的不同阶段差异化监管政策的演变相结合，注重探讨资本差异化政策出台对不同规模银行各类绩效指标的影响力。

（1）缩小了大小银行的ROE差距

从大小银行近25年来ROA的变化来看，两者在数年来的ROA增减的变化方向上较为一致，两类银行均在经历了1985年至1989年ROA的增减波动后，从1990年开始一直到2007年次贷危机爆发，ROA均表现为上升或维持在原有高水平的状态。直到次贷危机爆发，两类银行均经历了2007—2009年连续三年的ROA持续下跌，但2010年和2011年重新出现了上升；从大小银行ROA数值大小上来看，大多数年份大小银行的ROA数值较为接近，除了2002年和2003年大银行表现出较大的优势外，2007年至2009年大银行在次贷危机中相对更大的损失使得小银行在这三年的ROA水平高于大银行，而大银行则出现了负增长，但很快从 2010 年开始大银行又接近并超过了小银行。

　　与 ROA 的变化有些类似，大小银行的 ROE 水平变化方向也较为一致，均是在经历了 1989 年前的较大波动后出现了较大的增长并维持在较高的水平，直到 2007 年次贷危机的爆发使两者的 ROE 水平急剧下降，但从 2010 年开始出现了逐步的上升；从大小银行 ROE 数值上来看，与两者在 ROA 数值上的接近不同。从 1992 年至 2007 年，大银行 ROE 数值远远高于小银行，大小银行 ROA 数值接近但却在 ROE 上差距悬殊，表明监管机构在资本充足性上对小银行的相对较高要求使其资金成本较高，较高的 ROA 水平也无法带来 ROE 的较好表现。但从 2006 年年初开始，监管机构通过调整小银行的"债务""资本"外延缓解小机构资本监管负担，使得小银行在 ROE 上的差距逐步缩小，尤其是在次贷危机爆发后，监管机构从核心资本充足率、市场风险和流动性风险的资本要求等方面加大对满足特定规模条件的大机构的资本监管，使得原本蒙受了更大损失的大银行在 ROE 下降幅度上超过了小银行，从而出现了小银行 ROE 值高于了大银行的现象（如图 4-1）。

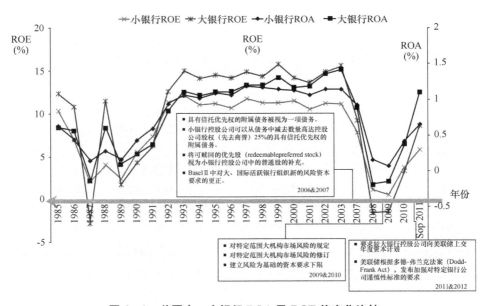

图 4-1　美国大、小银行 ROA 及 ROE 值变化比较

　　资料来源：2007 年至 2011 年数据来自 FDIC Quarterly Banking Profile；1985 年至 2003 年的数据来自 FDIC Banking Review, 2004；由于 FDIC 数据报告形式的变化，使得 2004 年至 2006 年的数据缺失；文字部分根据表 3-3 "美国不同规模商业银行资本监管差异化规定总结"添加。

（2）减小了大银行的非利息收入

下面分别从利息收入和非利息收入两个方面进一步观察。出乎意料的是，与 ROA 和 ROE 上大银行所表现出来的优势不同，小银行利息业务的盈利能力超过大银行。如图 4－2，在近 25 年中，美国小银行的净利息收入（net interest margin，净利息收入/生息资产余额）一直高于大银行，且两者的逐年变化上有较大的一致性，这意味着社区银行作为贷款人时比大银行更赚钱。但是，小银行在整体盈利性指标（ROA 和 ROE）上的弱势与净利息收入上的优势，意味着小银行在另一类收入——非利息收入上一定低于大银行，这一点在图 4－2 中近五年的非利息收入与资产比值（noninterest income to asset）的曲线中得到了证实，小银行非利息收入与资产的比值低于大银行。

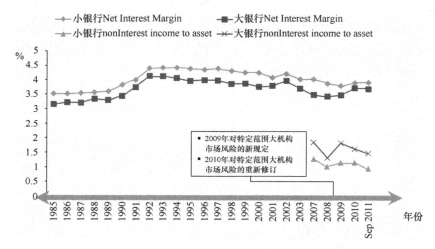

图 4－2　美国大、小银行利息收入与非利息收入比较

资料来源：2007 年至 2011 年数据来自 FDIC Quarterly Banking Profile；1985 年至 2003 年的数据来自 FDIC Banking Review，2004；由于 FDIC 数据报告形式的变化，使得 2004 年至 2006 年的数据缺失；文字部分根据表 3－3 "美国不同规模商业银行资本监管差异化规定总结" 添加。

Gramm – Leach – Bliley Financial Services and Modernization Act of 1999（GLB）法案的允许及 IT 的发展带来的风险管理技术的革新，使得大银行机构可以通过从事多种类的金融服务拓宽非利息收入来源。但是对于小银行，对于必要经验、技术、规模及交易基础的缺乏，很难像大银行一样拓展在投资银行、证券化、信用支持等方面的费用收入来源。而且，为了体现小银行在零售类业务上的优势，往往其与存款有关的收费也低于大银行。这两方面的作用使得小银行的非利息收入与大银行有较大的差距。但2008年次贷危机爆发后，由于对市场交易性产品投资的谨慎性，以及市场风险更加严格监管下大银行投资交易相关成本的上升，使得大银行的近三年的非利息收入持续下降，尽管在小银行的非利息收入略有上升的2010年，大银行也没有转变其非利息收入下降的势头。

（3）缩小了大小银行非利息支出差距

继分析大小银行收入情况差异之后，进一步比较两者的成本变化状况，由图4-3可见，总体来看，无论是总成本指标（成本比例，Cost ratio，总成本/总收益），还是分别考虑近五年利息类支出（生息资产融资成本，Cost of funding earning assets，存款及其他借款的利息支出/总生息资产）、非利息类支出［有效比例，Efficiency ratio，非利息支出/（利息收入＋非利息收入）；非利息支出与资产之比，Noninterest expense to assets］，小银行这三类成本均大于大银行，较高的经营成本大大削弱了小银行的盈利水平。从总成本指标来看，1994年之前，两者的总成本比例较为接近，但自1994年开始，大银行的成本略有下降而小银行则有所上升，使得两者的成本差距逐步拉大，在此规模经济很好地解释了不同规模银行的成本差异。

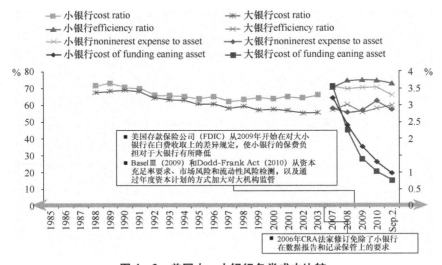

图4-3 美国大、小银行各类成本比较

资料来源：2007年至2011年数据来自FDIC Quarterly Banking Profile；1985年至2003年的数据来自FDIC Banking Review, 2004；由于FDIC数据报告形式的变化，使得2004年至2006年的数据缺失；文字部分根据表3-3"美国不同规模商业银行资本监管差异化规定总结"添加。

从近五年的利息成本和非利息成本两方面来看，在利息成本（cost of funding earning assets）上，小银行仅略高于大银行，以略高的利率吸收更多的存款，但有些年份（2007 年）出现了大银行的利息成本高于小银行的现象。而在非利息类支出（efficiency ratio 和 noninterest expense to assets）上，小银行的非利息支出一直均高于大银行，两者在利息成本的差距小于在非利息成本上的差距，后者是导致小银行经营成本较高的主要因素。而小银行非利息支出较高的主要原因，一方面是小银行的规模和地理位置使其若想吸引和留住高素质人员需要支付多于大银行的劳务成本；另一方面，小银行技术开发能力的欠缺需要其向大银行支付大量的购买和维护管理系统的成本；同时，监管机构的强制条款给小银行带来了大量的报告和其他的监管负担，使得小银行的固定成本按比例更高。但可喜的是，我们看到自 2007 年开始，两者在非利息支出上的差距有所缩小并有进一步下降的趋势，小银行非利息支出减小的同时大银行非利息收入有所上升。其中，一些针对不同规模银行的差异化监管规定是带来两者非利息支出差距缩小的原因之一，具体的监管措施包括，2006 年 CRA 法案修订免除了小银行在数据报告和记录保管上的要求，减小了其因繁重的报告负担带来的成本；美国存款保险公司（FDIC）从 2009 年开始在对大小银行在保费收取上的差异规定，使小银行在整体上相对于大银行的保费负担有所降低；而更重要的是在资本监管方面，次贷危机爆发后，Basel Ⅲ（2009）和 Dodd－Frank Act（2010）从资本充足率要求、市场风险和流动性风险检测以及通过年度资本计划的方式加大对大机构的监管，除了增加了大银行资本负担外，也提高了其为满足监管要求在风险管理上所支付的人力和技术成本，缩小了大小银行在非利息支出上的差距。

综合对大小银行近 25 年成本和收益指标的分析，对不同规模银行的差异化资本监管规定确实对两者在总体收益指标（ROE）、非利息收入和非利息支出的相对变化上产生了一定的影响。可见，虽然资本监管的主要任务是控制银行风险，但是在控制银行经营风险的同时不可忽略其对不同规模银行经营绩效的影响，换言之，差异化的资本监管也可作为调节不同规模银行盈利水平和收入结构的一种手段。

3. 资本监管差异与银行业公平性

1994 年里格尔－尼尔州际银行法案（Riegle－Neal Interstate Banking and Branching Efficiency Act，1994）允许银行和银行控股公司在任何州范围内购买

银行或建立附属银行的规定，使银行业大量的合并出现。而近年来在资本监管结构要求上对小银行的监管放松和对大银行的监管加强，相对提高了小银行与大银行的抗衡实力，合并现象大大减少，加强了银行业之间的竞争。这一逻辑关系在资本监管结构变量与 HHI 指数的显著正相关上得到了证实。

4. 资本监管差异与银行业发展性

实证分析结果表明，资本监管的各项差异化指标均与银行业的发展指标（金融业产值占 GDP 的比例）无显著的相关性。美国银行业在高度市场化下充分发展，不存在过多的金融抑制现象，使得金融业产值占国内生产总值的比例高居 20% 左右。在整体的市场环境和已经较高的金融业贡献率下，金融业产值占比对资本监管政策的若干变化没有较大的敏感性。

5. 小结

在美国不同规模银行差异化资本监管有效性的实证检验中：

在资本监管差异与银行业稳定性上，对于资本充足率指标，资本监管的数量要求和资本监管结构要求对银行滞后一期资本充足率的变化均有显著影响，即美国商业银行资本充足率对资本监管政策的变化较为敏感。在美国资本市场较为发达使得融资较为便利的情况下，商业银行补充资本的渠道较为顺畅，可以保证美国大、小银行在监管压力下资本得到迅速的补充调整以满足资本充足率的要求，保持资本充足率维持在较高的水平；对于风险加权资产占比，根据实证分析结果，资本监管无论是数量监管变量还是结构监管变量均对风险资产的比例无显著性的影响，而银行规模与风险加权资产的比例具有显著负相关性。究其原因，由于不同规模银行在业务结构、融资渠道等多方面的不同，资本监管数量和结构上两个方面的监管要求，对不同规模银行安全性影响的效用程度不同甚至相反。

在资本监管差异与银行业盈利性上，由实证分析结果可见，资本监管的数量要求对银行业盈利性无显著影响，但是资本监管的结构上的众多差异性对不同规模银行的盈利性乃至对整个银行业的盈利性有显著影响；在资本监管差异化与银行业公平性上，资本监管结构变量与 HHI 指数的显著负相关，即资本监管结构要求对小银行的监管放松和对大银行的监管加强，相对提高了小银行与大银行的抗衡实力，加强了银行业之间的竞争；在资本监管差异化与银行业发展性上，资本监管的各项差异化指标均与银行业的发展指标（金融业产值占 GDP 的比例）无显著的相关性。

三、中国差异化资本监管实证

（一）样本选取

在以我国商业银行作为研究样本时，为了尽可能地扩大样本范围与数量，本书从多种渠道来收集银行数据，所使用的数据主要来源于 Bankscope 银行财务数据库、商业银行公开披露的年报信息及网站信息、中国金融统计年鉴和 Wind 资讯。Bankscope 银行财务数据库是国际公认的、具有较高可信度的银行财务信息数据库。本书选取了 5 家大型商业银行、12 家股份制商业银行、30 家城市商业银行的 2004 至 2012 年间数据。利用第一部分中的③④⑤⑥四个联立方程，进行三阶段最小二乘回归，以验证中国差异化资本监管的有效性。

（二）回归过程及结果分析

从我国的资本监管制度变迁来看，2004 年中国银监会颁布《商业银行资本充足率管理办法》是资本监管的新起点，本书对于我国资本监管的研究以此为开端。我们将样本期间分为三个阶段：第一阶段为 2004—2006 年，这三年是《商业银行资本充足率管理办法》规定的过渡期，尽管监管压力已经显现出来，但在这时期内监管当局对未达标银行并未作实质性的惩罚措施；第二阶段为 2007—2009 年，这三年是《商业银行资本充足率管理办法》正式实施的时期，也是监管最为严厉的时期。经过这三年的严格监管，截止到 2009 年年底我国商业银行资本充足率达标率已为 100%（如表 4 - 3）；第三阶段为 2009 年至今，商业银行资本充足率远远高于国际标准并连续居于高位，这期间监管部门资本监管手段已不仅仅局限于资本充足率这一数量监管，更加注重银行资产结构上的引导，如对中小企业贷款在资本要求上的特殊规定。下面将分为上述三个时段，通过实证结果观察不同时段差异化资本监管手段对不同规模商业银行经营状况的影响。

表 4 - 3　商业银行资本充足率达标情况表（2003—2009 年）　（家、%）

项目/年份	2003 年	2004 年	2005 年	2006 年	2007 年	2008 年	2009 年
达标银行数	8	30	53	100	161	204	239
达标资产占比	0.6	47.5	75.1	77.4	79.0	99.9	100

数据来源：银监会 2009 年年报。

表4-4　回归结果汇总表

	稳定性 $\Delta RISK_{jt}$		盈利性 $\Delta PROFIT_{jt}$		公平性 $\Delta EQUITY_{jt}$		发展性 $\Delta DEVELOPMENT_{jt}$
	ΔCAP_{jt}	$RISKASSET_{jt}$	ROA_{jt}	ROE_{jt}	HHI_{jt}	SME_{jt}	FIN_{jt}
第一阶段：2004年至2006年资本监管过渡期内							
$REGS_{jt}$	0.356 (0.171)	-0.337 (0.871)	-0.256 (0.753)	0.643 (0.321)	0.569 (0.881)	0.789 (0.001)	0.567 (0.981)
$REGS_{j,t-1}$	0.353 (0.471)	-0.483 (0.511)	0.346 (0.334)	-0.233 (0.095)	0.453 (0.277)	0.169 (0.994)	0.593 (0.481)
$REGJ_{jt}$	—	—	—	—	—	—	—
$REGJ_{j,t-1}$	—	—	—	—	—	—	—
$SIZE_{jt}$	0.051*** (6.015)	-0.130* (1.176)	-1.747** (2.181)	-1.298* (1.782)	0.347 (0.471)	0.773 (0.101)	0.043 (0.631)
第二阶段：2006年至2009年资本监管约束期							
$REGS_{jt}$	0.157 (0.122)	-0.131 (1.156)	-0.168 (0.038)	-0.168 (0.447)	0.653 (0.515)	-0.556 (0.731)	0.138 (0.215)
$REGS_{j,t-1}$	1.276*** (4.382)	-0.543* (1.254)	0.118 (0.044)	1.412 (1.263)	-0.127 (0.653)	0.226 (0.334)	0.167 (0.053)
$REGJ_{jt}$	—	—	—	—	—	—	—
$REGJ_{j,t-1}$	—	—	—	—	—	—	—
$SIZE_{jt}$	1.347 (0.934)	0.378 (0.341)	0.656 (0.241)	0.439 (0.881)	0.789 (0.031)	0.623 (0.567)	0.033 (0.022)
第三阶段：2009年至今资本充足率达到国际标准之后							
$REGS_{jt}$	0.228 (0.043)	0.426 (0.235)	0.723 (0.021)	0.545 (0.931)	0.321 (1.331)	0.348 (0.242)	2.479 (1.101)
$REGS_{j,t-1}$	0.126 (0.027)	-0.161** (2.056)	2.347 (1.122)	-34.118 (0.458)	1.513 (1.263)	2.326 (0.224)	11.314 (1.615)
$REGJ_{jt}$	5.132 (0.796)	0.306 (0.147)	0.663 (0.781)	-1.047 (0.615)	0.573 (0.771)	-0.547 (0.562)	1.056 (0.042)

续表

	稳定性 $\Delta RISK_{jt}$		盈利性 $\Delta PROFIT_{jt}$		公平性 $\Delta EQUITY_{jt}$		发展性 $\Delta DEVELOPMENT_{jt}$
	ΔCAP_{jt}	$RISKASSET_{jt}$	ROA_{jt}	ROE_{jt}	HHI_{jt}	SME_{jt}	FIN_{jt}
$REGJ_{j,t-1}$	1.822 (0.227)	0.453 (0.247)	0.363 (1.331)	-7.453 (1.245)	-3.151** (2.419)	0.983*** (8.291)	3.513 (1.963)
$SIZE_{jt}$	0.239 (0.221)	1.143 (0.731)	1.543 (0.723)	-0.920 (1.438)	2.183 (0.031)	3.567 (0.321)	2.543 (0.791)

注：①表中各变量的第一行为估计系数，第二行括号内为 t 值；② *、**、*** 分别表示在 10%、5%、1% 的置信区间内显著。

1. 2004 年至 2006 年资本监管过渡期内

在资本监管过渡期内，资本监管的内容主要为资本充足率这一数量上的要求，缺乏资本结构上的监管政策，尤其没有针对不同规模银行的差异化监管政策，这一时期差异化监管的表现主要是对不同规模银行实施《商业银行资本充足率管理办法》期限规定的不同。尽管监管压力已经显现出来，但在这时期内监管当局对未达标银行并未作实质性的惩罚措施，并不紧迫的监管压力数量要求并没有带来银行业效率的显著变化，正如实证数据显示，资本监管数量要求与银行稳定性、盈利性、公平性、发展性指标均无显著的相关性。但是值得注意的是，规模变量（SIZE）与银行稳定性、盈利性指标有显著的相关性，从不同规模银行入手究其原因：

这段时间，国有大型商业银行资本加速增长，监管数量要求对资本增长有显著的影响，此阶段资本数量的大量增长与国家对银行进行股改的大量注资紧密相关。与此同时，为尽快满足资本数量要求，大型银行风险资产占比有所下降，但与资本监管并没有显著的关系；与大型银行不同，在此阶段，中小银行资本量的增长并不显著，而为了维持一定的利润水平，中小银行风险资产占比不降反升。可见，此过渡阶段，资本的数量监管压力尚未对中小银行资本补充带来显著的增长，也并没有使小银行的资产更加安全，仅对大银行资本增长情况及风险的减小产生了显著影响。

2. 2006 年至 2009 年资本监管约束期

在经历了三年的过渡期后，大银行享受到股改的制度优惠，迅速实现了资本的剧增，使资本充足率水平达到了监管的要求，而资本监管的强约束进一步延伸至对中小银行资本补充的监管压力上。由上述显著性指标可见，在此阶段，资本监管的数量压力与银行稳定性指标（资本充足率增长、风险资产占比）显著相关，商业银行资本增长与监管数量要求成显著的正相关，风险资产占比与监管数量要求显著负相关，银行通过增加资本、减小风险资产的双重努力使其资本充足率水平达到监管要求。

在银行业盈利性上，较高的资本成本和盈利性风险加权资产的减少虽然并没有带来银行盈利性指标 ROA 和 ROE 的下降，但商业银行利润增长率受到了冲击。

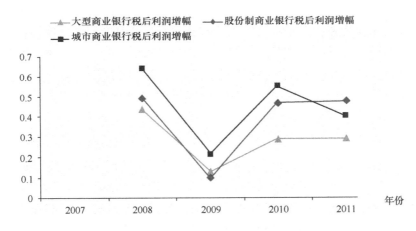

图4-4　各类商业银行利润增长情况

数据来源：根据各商业银行年报数据整理得到。

此外，在银行业公平性和发展性指标上，资本监管的数量要求均未对此两项指标有显著的影响。

3. 2009 年至今资本充足率达到国际标准之后

2009 年，我国商业银行资本充足率达标的银行和资产占比均达到100%，而且以上市银行为例，16 家上市银行资本充足率在 2009 年以后均已超过了监管机构在 2009 年、2010 年的规定（包括银监会及 Basel Ⅲ 的规定）。在此情况下，与 2009 年前资本监管政策不同的是，单纯的资本数量要求已不能给商业银行带来足够的监管压力，针对大、中小银行资本监管结构上的差异化政策出现（见表3-19）。

（1）资本监管与银行业稳定性

在银行业稳定性上，由实证分析的数据可见，资本充足率的增长已与资本数量要求没有显著的相关性。但是风险资产占比均与资本数量监管要求成负的显著相关。这进一步表明，在我国商业银行处于资产快速增长的时期，为保证资本充足率处于一定的水平，风险资产占比的下降从侧面反映了当前我国商业银行融资渠道的不畅。

2009 年之后，在资本监管数量要求不能给商业银行带来显著影响的时期，监管当局已不能仅依靠资本充足率这一数量监管手段对商业银行进行资本调控，需要加大对资本结构监管手段的运用。而我国资本结构监管手段与美国不同，不是直接针对大小银行在资本构成上的调整，而是针对特定业务范围（如对中小企业贷款）在资本要求上的特殊优惠。目前这些非直接的资本监管结构要求尚未在银行业稳定性、盈利性上产生显著作用，但这种结构上的调整对中小企业贷款、中小银行的利润带来了显著性的变化，从整个银行业的竞争情况和中小企业贷款可获得性两个方面促进了银行业的公平性。

（2）资本监管与银行业公平性

在资本监管结构对银行业公平性的影响上，从回归结果可见，银行差异化资本监管结构要求与银行业竞争性指标、中小企业贷款占比均有显著的相关性。下面通过图示进一步明确地表现两类银行公平性指标在这期间内的变化情况：

第一，中小企业贷款余额快速增长。由图 4 - 5 可见，自 2008 年开始，中小企业贷款余额、小企业贷款余额以较快的速度实现增长，并且占公司贷款的比例逐年上升。差异化资本监管对中小企业贷款在资本结构规定上的优惠（具体规定见表 3 - 19），给中小企业这一特殊服务群体的贷款情况带来了显著性的变化，不同类型客户的金融服务公平性得到提高。

第二，提高了中小银行资产负债数量增长。从绝对数量来看，规模越小的一类商业银行其资产负债涨幅越大。截止到 2011 年年末，大型商业银行资产总额（53.63 万亿）和负债总额（50.26 万亿）均约为 2006 年年末的 1.5 倍，股份制商业银行资产总额（18.38 万亿）和负债总额（17.30 万亿）均约为 2006 年年末的 2.1 倍，城市商业银行资产总额（9.98 万亿）和负债总额（9.32 万亿）均约为 2006 年年末的 2.7 倍[①]。

---

① 数据来源：中国人民银行网站公开数据。

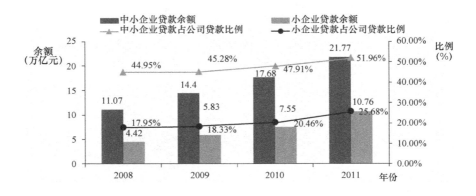

图 4-5　中小企业贷款余额和增幅情况

　　数据来源：贷款余额数据摘自各年度《第四季度中国货币政策执行报告》和银监会年报；增幅数据通过计算得到。特别说明：图中"占公司贷款比例"中的"公司贷款"用"非金融性公司及其他部门贷款余额"代替。

　　从逐季度数量增幅来看，资产和负债的增幅曲线表现出相同的特征，从2006年年末至2011年年末，各季度股份制商业银行和城市商业银行的资产、负债增幅均大于大型商业银行，而其中股份制商业银行季度增幅的增减变化与大型商业银行相一致，较为特殊的是城市商业银行。2008年次贷危机爆发之前，城市商业银行资产负债的增幅与大型银行、股份制商业银行增幅呈现了此消彼长的状况，体现出在次贷危机前适度从紧的货币政策下不同规模银行争夺市场规模上的激烈竞争。在2008年次贷危机全面爆发后，规模较小、业务多样化程度受限的城市商业银行与股份制、大型商业银行相比受到次贷危机的影响较小，在后两者资产负债增幅均下降的情况下，城市商业银行反而上升。在次贷危机后较宽松的货币政策、更重要的是对小企业授信的监管支持——银监会2005年发布《银行开展小企业贷款业务指导意见》（银监发〔2005〕54号）宣布"以完善小企业服务体系为切入点促进商业银行的战略转型"以来，通过发布多项规章制度在贷款额度、机构准入、产品审批、资本约束等多个方面完善小企业金融服务体系，以监管手段激发商业银行服务小企业的内生动力——使城市商业银行资产、负债的增幅一直高于股份制商业银行。此外，在大于大型商业银行的资产、负债增幅下，股份制商业银行和城市商业银行的资产、负债所占的市场份额不断增大。差异化的监管政策对整个银行业竞争性的增强起到了显著性作用（图4-6，图4-7）。

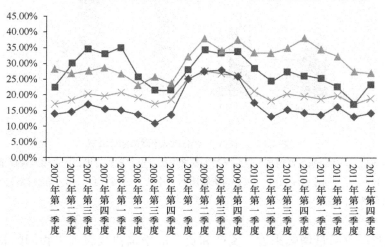

图4-6 不同规模银行资产增幅比较情况

数据来源：中国人民银行网站公开数据。

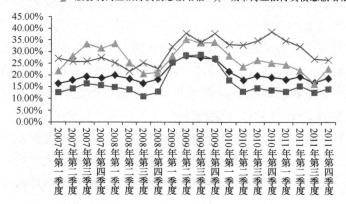

图4-7 不同规模银行负债增幅比较情况

数据来源：中国人民银行网站公开数据。

（3）资本监管与银行业盈利性

在此段时期，虽然资本监管的差异化政策对银行业整体盈利性的影响并不显著，但是它对提高中小银行的 ROE 水平具有一定的作用（图4-8）。

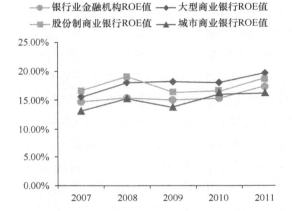

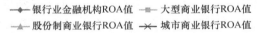

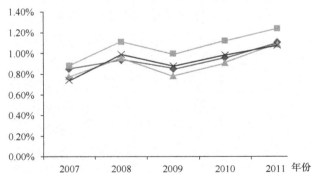

图4-8　不同规模银行 ROA、ROE 盈利指标情况

数据来源：中国人民银行网站公开数据。

虽然从税后利润绝对数量增长上中小银行表现出较强的优势，但是从 ROA 和 ROE 这两个分别表示单位资产和单位股本盈利能力的数值上看，中小银行一直落后于大型银行，且此落后差距没有缩小的趋势。可见，当前中小银行利润的大幅提高很大程度上是由规模的不断扩张产生的，在资产的运用能力、资本的盈利性上仍有待提高。对比不同规模银行ROA和ROE数值的变化，自2008年开始，在中小商业银行ROA水平和ROE水平一直低于大型商业银行的情形下，中小银行逐步缩小了在ROE上与大银行的差距，且ROE与大银行的差距远小于ROA与大银行的差距，即中小银行在单位资产盈利性较弱的状况下，单位资本的盈利性有所提高。这一变化离不开次贷危机爆发后对不同规模银行在资本监管上的差异，资本充足率数值监管、不同类型风险资本监管的新规定加大了大型银行的资本监管要求，相对地使得中小银行资本充足性要求降低——如2009年对资本监管提出了新的要求，要求中小商业银行总体资本充足率达到10%，具有系统重要性的大型商业银行总体资本充足率达到11%；2010年则对系统重要性大型商业银行增加附加资本要求，确保大型商业银行和中小商业银行资本充足率分别不低于11.5%和10%等政策——进而提高了股份制银行资本盈利性，而对大银行较为严厉的资本监管使其在ROA水平上占有优势的情形下缩小了在ROE上与股份制商业银行的差距。此外，对小企业贷款的风险权重计算的优惠政策，如"内部评级法计算资本充足率，单户500万元（含）以下的小企业贷款视同零售贷款处理；未使用内部评级法，单户500万元（含）以下的小企业贷款在满足一定标准的前提下，可视为零售贷款"；"商业银行在计算资本充足率时，对符合相关条件的小型微型企业贷款，在权重法下适用75%的优惠风险权重，在内部评级法下比照零售贷款适用优惠的资本监管要求"。这更有利于使以发放小企业贷款为主要业务对象的中小银行承受较小资本监管负担。而股份制商业银行与城市商业银行相比，其ROE数值上大于城市商业银行，但ROA极接近且有时略低于城市商业银行，这表明了资本监管要求的相对放松没有对城市商业银行产生较大的正面影响，或没有像股份制商业银行一样充分利用好此监管制度上的优势，适度缩小权益与资产之比，提高单位资本的盈利性。

此外，资本监管差异化政策尚未对银行业发展性指标产生显著性影响。这与我国当前金融市场化不高、金融抑制现象的存在有关。美国经济学家罗纳德·麦金农和爱德华·肖在研究发展中国家金融市场的问题时指出，发展中国家存在着政府当局过分干预金融、严格管制（人为压制）利率和汇率的现象，从而使得资本市场严重扭曲、金融市场不完全、金融效率损失。

4. 小结

以《商业银行资本充足率管理办法》的颁布为起点，本书将我国资本监管过程分为三个阶段：

2004年至2006年资本监管过渡期内，资本监管的内容主要为资本充足率这一数量上的要求，缺乏资本结构上的监管政策。尽管监管压力已经显现出来，但在这时期内监管当局对未达标银行并未作实质性的惩罚措施，并不紧迫的监管压力数量要求并没有带来银行业效率的显著变化。

2006年至2009年资本监管约束期，仍缺乏资本监管结构上的政策，资本监管的数量压力与银行稳定性指标（资本充足率增长、风险资产占比）显著相关，但未对盈利性、公平性、发展性产生显著作用。

2009年至今资本充足率达到国际标准之后，单纯的差异化资本数量要求已不能给商业银行带来足够的监管压力，在银行业稳定性上，差异化资本数量要求与银行业资本充足率的增长没有显著的相关性，但是风险资产占比与资本数量监管要求成负的显著相关。这表明，在我国商业银行处于资产快速增长的时期，为保证资本充足率处于一定的水平，风险资产占比的下降从侧面反映了当前我国商业银行融资渠道的不畅。

当前，差异化资本监管数量要求对商业银行带来的影响趋弱，监管当局不能仅依靠资本充足率这一数量监管手段对商业银行进行资本调控，需要加大对资本结构监管手段的运用。而我国与美国不同，差异化资本结构监管不是直接针对大小银行规定其资本构成上的调整规定，而是针对特定业务范围（如对中小企业贷款）在资本要求上实行特殊的优惠。由实证检验可见，当前这些非直接的资本监管结构要求尚未对银行业稳定性、盈利性、发展性产生显著作用。但是，这种结构上的调整对中小企业贷款、中小银行利润带来了显著性变化，进而从整个银行业的竞争情况和中小企业贷款可获得性两个方面促进了银行业的公平性。总体来看，2009年后差异化资本监管的数量要求不能带来商业银行资本充足率的显著提高，而差异化资本监管的结构政策显著提升了监管的公平性，但是，当前较少且缺乏针对性的差异化资本结构监管对银行业的稳定性、盈利性、发展性仍未产生有效作用。

专题4　中美不同规模商业银行差异化监管成效对比

在前面介绍到，我国已有资本监管的差异化政策无论在覆盖面、针对性上均滞后于美国。通过本章的监管效率实证分析，更值得重视的是，我国现行少量且缺乏针对性的资本差异化监管政策的监管有效性较弱。下面从监管有效性衡量的四个层次、资本监管的数量和结构两个方面来看，如表4-5：

表4-5 中美两国资本差异化监管有效性情况

	稳定性	盈利性	公平性	发展性
	美国			
资本监管数量差异	1	0	0	0
资本监管结构差异	1	1	1	0
	中国			
资本监管数量差异	1	0	0	0
资本监管结构差异	0	0	1	0

注："1"表示在该监管效率衡量层次上是有效的（通过显著性检验），反之为"0"。

1. 从监管效率的四个层次来看

在稳定性上，美国差异化资本监管的数量要求和资本监管结构要求对银行滞后一期资本充足率的变化均有显著影响；而我国仅在2006年至2009年资本监管约束期内，资本监管的数量压力与银行稳定性指标（资本充足率增长、风险资产占比）显著相关。自2009年资本充足率达到国际标准之后，我国差异化资本监管要求没有对银行业稳定性指标产生显著影响。两国相比，在美国资本市场较为发达使得融资较为便利的情况下，美国商业银行补充资本的渠道更为顺畅，保证了美国商业银行资本充足率对资本监管政策变化的敏感性，即大、小银行在监管压力下资本得到迅速的补充调整以满足资本充足率的要求。换言之，提高我国商业银行资本来源渠道的畅通性，是加强监管效率中银行业稳定性的关键。

在盈利性上，美国资本监管的结构上的众多差异性对不同规模银行的盈利性乃至对整个银行业的盈利性有显著影响，而中国商业银行资本监管的差异化尚未对银行业盈利性带来显著作用。

在公平性上，美国资本监管结构变量与HHI指数的显著负相关，即资本监管结构要求对小银行的监管放松和对大银行的监管加强，相对提高了小银行与大银行的抗衡实力，加强了银行业之间的竞争；我国目前的差异化资本结构监管使中小企业贷款在资本要求上享有特殊优惠，从整个银行业的竞争情况和中小企业贷款可获得性两个方面促进了银行业的公平性。

在发展性上，两个国家资本监管的各项差异化指标均与银行业的发展指标（金融业产值占 GDP 的比例）无显著的相关性。

2. 从数量和结构两方面的资本监管手段来看

与资本监管的数量要求相比，美国差异化资本监管的有效性更多体现在众多资本监管结构上的差异化要求（见表 4 – 5）。而我国资本监管差异化中针对结构调整的政策自 2009 年起才逐步开展，当前少量且缺乏针对性的资本结构监管差异尚未在稳定性、盈利性和发展性上产生显著影响，但可喜的是，我国资本监管结构差异已经在增进公平性上产生了显著效应。可见，在我国 2009 年资本充足率达到国际标准之后至今，差异化监管的关键已不在于数量上的施压，资本监管的数量调整已不能带来银行业多项指标的显著变化，而应加强对大、中小银行资本监管在结构上的差异化调整，提高我国监管的有效性。

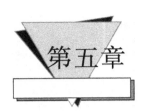

第五章

中国大、中小商业银行差异化监管需求分析①

本章将从市场定位、资本状况、业务结构（盈利状况）、分支机构、风险特征五个方面入手分析不同类型商业银行之间的经营差异，并结合第四章对目前已有的差异化监管政策的介绍和分析，进一步提出不同规模银行对差异化监管的需求。

第一节　市场定位的差异对差异化监管的需求

一、不同规模银行市场定位的差异

（一）不同规模银行市场定位列示

截至 2014 年年底，中国银行业金融机构资产总额 172.3 万亿元，整体资产规模增长 13.9%；负债总额 160.0 万亿元，同比增长 13.3%。从不同资产规模的商业银行来看，5 家大型商业银行、12 家股份制商业银行、144 家城市商业银行，占银行业金融机构资产的份额分别为 41.2%、18.2% 和 9.8%[①]。机构数量和资产份额占比的对比，表明了三类商业银行单位机构资产规模的悬殊差距，这也使得三类商业银行具有与其自身综合实力相适应的立足点和市场定位（如表 5 – 1）。

表 5 – 1　主要银行市场战略定位差异

商业银行	战略定位
工商银行	加快实施了从高资本占用型业务向低资本占用型业务、从传统融资中介向全能型金融服务中介、从本土传统商业银行向全球化大型金融集团"三个转变"的战略转型
农业银行	结合业务传统、自身优势和国家政策导向，明确差异化的战略目标，即建设面向"三农"、城乡联动、服务多元化的一流商业银行
中国银行	以商业银行为核心，多元化服务、海内外一体化发展的大型跨国经营银行集团
建设银行	加强与大型企业客户的传统良好关系，并选择性地发展与中小企业客户的关系。在个人银行业务方面，大力提高来自高收入个人客户市场的收益，同时通过提供更具成本效益和规模经济效益的产品，巩固大众客户基础

---

① 中国银行业监督管理委员会 2014 年年报。

续表

商业银行	战略定位
交通银行	走国际化、综合化道路，建设以财富管理为特色的一流公众持股银行集团（"两化一行"战略）
中信银行	有效实施业务协同与国际化发展战略，加大与中信集团下属证券、信托、资产管理、保险、基金等金融子公司之间的协作，向客户提供"一站式"综合金融服务。依托与战略投资者 BBVA、海外子公司中信国金共同搭建的"三位一体"国际化平台，积极支持境内大中型企业客户"走出去"的发展战略
招商银行	盈利能力领先、服务品质一流、品牌形象卓越的有特色的创新型银行：①重点发展零售业务、小企业业务和中间业务；②重点拓展高价值客户，持续扩大基础客户群
光大银行	适度调整市场定位，对公业务以大中型客户为基础，逐年增加中小企业客户占比；零售业务以服务中高端客户为主，扩大财富客户群体
民生银行	做进全面进军小微企业金融服务蓝海的重大战略调整，做"民营企业的银行、小微企业的银行、高端客户的银行"
华夏银行	坚持服务实体经济的基本方针，全面打造"中小企业金融服务商"品牌
平安银行	确立了"面向中小企业，面向贸易融资"的发展战略
广发银行	*做最高效的中小企业服务银行*
浙商银行	以"一体两翼"（即以公司业务为主体，小企业银行和投资银行业务为两翼）为市场和业务定位
北京银行	坚持中小企业市场定位打造特色服务优质品牌
南京银行	将中小企业和个人业务作为战略业务重点推进，丰富业务产品体系，满足中小企业与个人融资需求，不断扩大业务品牌影响力
宁波银行	一是坚持"门当户对"经营策略，强化以中小企业、广大市民为主体的业务市场定位，立足当前、又着眼长远，形成五大利润中心并举的发展格局，实现利润来源的多元化；二是坚持差异化经营，不断探索和适应市场需求，形成较为丰富的产品体系

资料来源：除斜体字部分来自于银行网页信息外，其他银行信息来自各银行 2014 年年报。

由各银行年报和网站主页提供的"战略定位"信息可见，5 家大型商业银行凭借规模上的绝对优势，以综合化、集团化、国际化作为业务发展方向。而城市商业银行坚持一贯的服务中小企业的发展理念。与前两者相比，12 家股份制商业银行的定位并不统一，中信银行凭借中信集团化经营的背景，提出与5家大型银行相同的定位；招商银行、光大银行、民生银行业务发展关注中小企业和高端财富客户；华夏银行、平安银行、广发银行明确要打造"中小企业金融服务商"品牌；而浙商银行则以"一体两翼"（即以公司业务为主体，小企业银行和投资银行业务为两翼）为市场和业务定位。但总体而言，包括股份制商业银行和城市商业银行在内的中小银行明确市场定位，以服务中小企业为重点加强产品和服务创新，差异化竞争和特色化发展迈出新步伐。大、中小银行在经营定位上的差异是由其自身的发展特征和比较优势决定的。

（二）不同规模银行市场定位差异的根源

中国大型商业银行以绝对的规模优势和网点数量在市场中长期居于寡头垄断的地位，具有一贯的抢占市场份额的优势；而在此强大的资金实力基础上，可增加巨额的科技投入，大力实施研究与开发计划，拓展新领域的非传统资产负债业务，提高业务多样化、综合化实力；同时，在品牌和公信度上树立了国家背景和国家信用的形象，并已取得了国际上公认的声誉和地位，为更好地发展国际化业务奠定了基础。可见，大型银行向综合化、国际化迈进，即是自身发展阶段的必然，更是应对利率市场化和国际竞争的必经之路。

与大型商业银行相比，中小银行以不及大银行一半的资产规模，服务于国内60%的市场和占经济增加价值60%以上的民营经济，是中国中小企业、民营企业和居民融资的主要渠道，在支持地方经济建设，支持各类中小企业发展，服务城市居民方面发挥着不可替代的作用。其中城市商业银行更是以"立足本地、服务小微、打牢基础、形成特色、与大银行错位竞争"为发展思路，深化市场细分，明确市场定位，创新产品、服务和机制流程，逐步拥有了特色化品牌和管理文化，在支持小微企业发展和消费金融方面发挥了举足轻重的作用。截至2013年年底，城市商业银行小企业贷款余额2.42万亿元，占其企业贷款的比重达47.8%[①]。中小银行具有特定市场功能，中小银行缺乏资金实力，不可能从事"金融百货公司"式的综合业务。与大银行相比，中小银行具有委托管理层次少，与客户联系密切，熟悉客户资信与经营状况等特点，业务决策迅速，监督容易，比较适合为那些需要小额贷款或频繁贷

---

① 中国银行业监督管理委员会2014年年报。

款的居民和中小企业服务。叶望春（2002）、谭诺（2001）等着重研究了中小银行如何在银行市场中进行战略定位，认为中小银行应该准确定位寻找适合的市场切入，从而在竞争中谋取市场份额。

以上对于大、中小银行在当前战略定位上的分析是差异化监管的根本出发点，而如何促进不同规模银行沿着不同的定位实现差异化的发展，是具体差异化监管政策制定和实施的基础及评判标准，更是下文讨论差异化监管诉求和政策建议的主要依据。

二、对不同规模银行市场定位引导的差异化监管需求

由上述分析可见，目前大、中小银行从自身发展角度均有较为明确且差异较为显著的市场定位，即大银行的国际化、综合化经营，中小银行的立足当地服务中小企业的战略方向。但从当前中国不同规模银行的差异化监管政策来看，直接针对大、中小银行业务特点引导其特定战略定位的差异化监管政策较少，仍侧重于如何更好满足社会和经济发展的某种金融需求（如中小企业金融服务），侧重于如何通过分支机构及业务准入限制避免风险显性化，而非通过设定差异化的各类风险指标提高不同规模银行自身抗风险能力。比如不同监管手段中多项差异化内容的出发点是直接对中小企业金融服务的扶持，而并非扶持中小银行以增大小企业金融服务力度，而且只要是针对中小企业的金融服务，无论银行规模大小均可享受同等优惠。

受到了监管当局促进中小企业金融服务相关政策的引导和激励，虽然不同规模银行的战略定位有所不同，但均将中小企业金融服务作为了当前的业务拓展方向。这些优惠引导政策没有对不同银行做出差异化的政策规定，而是将大银行的业务重心部分转移到中小企业，这在某种程度上是增加了对中小银行的竞争，不利于各自特色化发展战略的实施。当然，监管政策应该支持中小企业金融服务，中小企业金融服务是推动民营经济发展，乃至整体经济环境改善的关键，也是银行业新的盈利增长点。因此，我们认为可根据不同规模银行在中小企业金融服务上的差异，提出鼓励中小企业金融发展且对不同规模银行有所差异的监管引导政策，将不同规模银行自身的战略定位与推动中小企业金融服务相融合，以防止银行业产品服务的同质化倾向。

第二节　资本状况的差异对差异化监管的需求

一、资本状况的差异

下面从资本充足率、资本构成及股本来源三个方面分析大、中小商业银行资本状况的差异。

（一）资本充足率

从上市的各类银行核心资本充足率和资本充足率的数据来看，城市商业银行资产充足率数值高于大型银行，而股份制商业银行与前两者相比资本充足率略低（如图 5 - 1）。而从近三年来三类银行资本充足率变化情况来看（前文表 2 - 1 和表 2 - 2），资本充足率，大型银行和股份制商业银行逐年上升，而城市商业银行则因处在高位而有所下降。这一方面是监管部门对大银行更加严格的资本监管要求使然；另一方面，大力引导中小企业贷款的优惠政策使得小银行加大了中小企业贷款的投放量令小银行加权风险资产加大，但在监管部门"鼓励小企业贷款债券发行"和"减少小企业贷款风险权重"的监管引导以及当前小银行较高的资本充足率背景下，小银行进一步拓展小

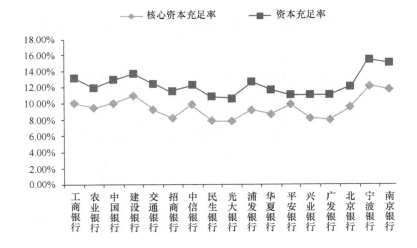

图 5 - 1　2014 年主要银行资本充足率比较

数据来源：各商业银行 2014 年年报。

企业贷款仍有较大的空间。各类商业银行资产规模不断扩张，需要分析当前各类银行资本构成情况，据此通过不同的资本来源渠道筹资资本，以保持或进一步提高资本充足性。

（二）资本构成

从整体来看，中国各类银行资本充足率已达到监管部门的要求，单纯在资本充足率数值上的要求已不再是一个约束商业银行行为的有效监管手段，而应该从资本充足率构成上，即资本结构调整和风险资产调整这两方面对商业银行进行资本监管。

由各类商业银行资本构成来看（图5-2），核心资本和附属资本的占比较为接近且均符合监管机构的比例要求，但在核心资本和附属资本的组成上有所不同。其中，大型银行在股本比例（占核心资本）上大幅高于中小银行，且长期次级债务比例（占附属资本）高于股份制商业银行。因此，对于大型银行而言，一方面加大对附属资本来源渠道（除长期次级债务外）的创新，另一方面，与提高资本量相比更应该调整风险资产的结构，向轻资本方向发展，这也符合大型银行发展中间业务、多样化经营的战略方向。而对于中小银行而言，股份制商业银行和城市商业银行在股本占核心资本比例上均较低，但城市商业银行次级债务占比却接近甚至超过了大型商业银行。因此股份制商业银行可适当通过扩充股本和次级债的方式提高资本量，而城市商业银行可充分利用较大的增发股本的空间，以助其扩大以中小企业贷款为主要投向的业务量。

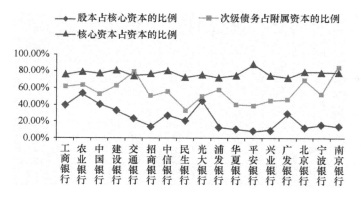

图5-2　2014年主要银行资本构成比较

数据来源：各商业银行2014年年报。

（三）股本来源

上节中提及中小银行在资本构成中股本占比较小，适度增资扩股有助于中小银行遵循自身战略定位加大中小企业金融服务供给。与大型商业银行和股份制商业银行不同，城市商业银行国家股份和国有法人股份占比极少，股本主要来自地方财政和民营、外资企业（如表5－2）。这对于中小银行而言，如何更加合理地吸引优质的股东、权衡数量较多所有权多样的股东利益，建立良好的公司治理结构是对中小银行的巨大挑战。

表5－2　2014年主要银行前十大股东不同类型的占比

前十大股东持股比例	工商银行	农业银行	中国银行	建设银行	交通银行	招商银行	中信银行	光大银行	兴业银行	广发银行	北京银行	宁波银行	南京银行
国家	70.7%	82.8%	67.6%	57.1%	26.5%	—	—	49.9%	22.4%	0.52%	—	9.36%	
国有法人	0.90%	1.65%	0.35%	2.92%	5.83%	35.6%	63.2%	17.7%	6.61%	71.7%	19.7%	7.11%	3.87%
境外法人	24.6%	9.36%	29.4%	35.1%	40.6%	17.9%	30.9%	4.35%	16.6%	23.7%	20.1%	15.3%	12.7%
境内其他法人	0.50%	0.34%	0.04%	0.55%	—		0.18%	—	2.21%	4.13%	4.96%	33.3%	26.9%

数据来源：各商业银行2014年年报。

二、对差异化资本监管的需求

下面我们将结合上述对当前大中小银行的资本充足率、资本构成的状况分析，发掘差异化资本监管的问题所在。

（一）重资本充足率数值的监管，缺少对结构的差异化调整

由当前中国资本的差异化监管政策来看，主要的差异体现在了根据巴塞尔协议对不同规模银行在资本充足率数值的频繁变动，以及在资本计量方法和过渡期安排上的不同，与美国监管政策相比，缺乏直接针对资本构成和风险资产调整的差异化措施。

近年来，经过股份制改造及风险防范意识的提升，中国商业银行资本充足率已经达到了国际要求的水平。截至2014年年底，商业银行整体加权平均资本充足率13.18%，加权平均核心资本充足率10.76%，390家商业银行的资本充足率水平全部超过8%[①]。在各类不同规模银行的资本

---

① 银监会2014年年报。

充足率数值均已较高后，资本监管在数值上的进一步要求对银行的影响力度会大大削弱，而资本构成可成为差异化监管的另一入手点。当前，大型商业银行虽然以轻资本化、大力发展中间业务为努力方向，但在资本构成上来看，股本和长期次级债券发行量的占比均高于中小银行，而股份制商业银行和城市商业银行在股本占核心资本比例上均较低，但城市商业银行次级债务占比却接近甚至超过了大型商业银行。鉴于不同规模银行经营目标及当前在资本构成上的差异，在资本监管的差异化上，对于大型银行应该大力拓展非次级债类的附属资本融资渠道，同时控制其风险加权资产的数量激励其中间业务的发展；相反，对于中小银行，股份制商业银行可适当通过扩充股本和次级债的方式提高资本量，而城市商业银行可充分利用较大的增发股本的空间，以助其扩大以中小企业贷款为主要投向的业务量。

（二）缺乏对大型银行附属资本来源渠道应用及创新的引导

从中外商业银行资本补充机制差异的对比上看（图2-2至图2-4），我国商业银行侧重于增发股票、筹集核心资本，增加财政投资、加大国家投入，发行定期次级债券；与其不同，美国的银行则侧重发行优先股、次级债券募集大量附属资本，通过较高的剩余利润和股本收益实现内源增长，努力通过金融创新吸收更多的资本。

虽然我国银行业一级资本较高的比例使得银行资本的安全性更高，但是附属资本尚未充分发挥作用，资本来源方面的创新滞后，很难提高我国银行的内源资本及价值创造能力，使得商业银行资本补充渠道受阻，进而阻碍进一步的业务拓展。与中小银行相比，大银行具有较为完善的治理结构和人员、科技基础，在附属资本渠道的应用和创新上已具备一定的条件，监管机构应该在资本筹集中引导和鼓励大型商业银行在附属资本工具上的应用，进而带动整个银行业资本结构的多元化和合理化。

（三）缺乏对中小银行股本来源的支持和监督

上节中提及中小银行在资本构成中股本占比较小，适度增资扩股有助于中小银行遵循自身战略定位加大中小企业金融服务供给。与大型商业银行和股份制商业银行不同，城市商业银行国家股份和国有法人股份占比极少，股本主要来自地方财政和民营、外资企业（如表5-2）。但问题在于，虽然我国的中小银行都取得了独立的法人资格，普遍采用了股份制的形式，但目前的多数城市商业银行与地方政府有着千丝万缕的联系，并没有建立起良好的公司治理结构和市场化经营机制。地方中小银行地方财政依然"一股独大"，民营企业股普遍股权少且分布比较分散，股东本身产权不清晰，因而存在"投资者缺位"，甚至可能出现侵蚀银行资产和小股东利益的严重道德风险，导致银行经营的行政化，这种组织模式的缺陷是制约城市商业银行进一步健康发展的根源。因此，改变城市商业银行股本来源结构是当务之急，并建立合理的吸收民间资本和外资的渠道，吸引民间资本和外资完善商业银行的公司治理结构和内控机制。虽然2010年银监会发布了《关于加强中小商业银行主要股东资格审核的通知》（银监办发〔2010〕115号），强调提高民间资本在中小银行资本占比中的比例，但仍未给出具体的鼓励民间资本引入的激励措施。

此外，更应注意的是对中小银行所有权结构的审查。由于中小银行的资本金主要来源于民间，对其股东、股东的声誉、股东的财务状况等方面的审查有助于避免出现中小银行主要股东吸收储户存款后潜逃事件的发生。另外，中小银行股权结构宜采取没有绝对控股权但有多个持股量近似的股东的控制结构，不宜选择有绝对控股股东的股权集中型或者股权高度分散型，避免中小银行成为某些大股东操纵的工具，避免关联性贷款的出现，保护其他投资者和存款人的利益。

第三节　业务结构及盈利状况的差异对差异化监管的要求

一、业务结构及盈利状况的差异

从整体营业收入的结构组成上来看，利息收入占营业收入的比例随着银行规模的减小而增大，即股份制商业银行和城市商业银行这些中小银行利息收入占比高于大型商业银行，而相应地，中小银行的非利息收入（包括手续费及佣金收入和投资收益）占比均小于大型商业银行（如图5-3）。下面从利息收入和非利息收入（手续费及佣金收入和投资收益）两方面看不同规模银行的业务结构和盈利状况。

图 5 - 3　2014 年不同规模银行营业收入结构比较

数据来源：根据各类银行中上市银行 2014 年年报数据加权平均得到。

（一）利息业务比较

1. 利息业务收支比较

在利息收入方面，从净利差和净利息收益（净息差）① 的比较上来看，中小商业银行单位生息资产的收益率与单位付息负债的成本率之差、单位生息资产的净收益率均略大于大型商业银行，且其中城市商业银行表现更佳（如图 5 - 4）。在中国当前存款利率尚未放开的情况下，中小银行净利差和净利息收益率表现出的优势，表明其在与大银行的规模优势的竞争中愿意接受风险相对较高的借款人，但同时也在贷款利率上得到了风险补偿。但与单位生息资产净收益率相反，大型商业银行的总净利息收入比②却大于中小银行，换言之，在大、中小银行分别通过资产价格（即贷款和证券投资利率）优势和规模优势增加营业收入的过程中，尽管中小银行单位净利差和生息资产净收益率居于领先地位，但是大银行凭借其资产的规模优势及较低的资产利率使得在总量上的利息收入成本指标（净利息收入和利息收入之比）上表现出规模经济下的利息收入成本优势，而中小银行尽管在相对较小规模的生息资产余额下单位生息资产收益率较高，但是较高的单位利息收益仍不能战胜大银行在规模上的强大优势，使其整体上的利息净收入占利息总收入的这一总

---

① 净利差 = 生息资产收益率 − 计息负债成本率；净息差 = 净利息收入/平均生息资产余额。

② 即"净利息收入/利息总收入"，将其分拆成"净利息收入/（平均生息资产余额）×资产利率"来与单位净利息收益率比较更加清晰。

体的利息成本率低于大银行。因此，对于中小银行，若想在占比份额最高的利息收入上表现出更强的竞争力，那么在风险防范的基础上拓宽盈利资产规模仍是主要努力方向。

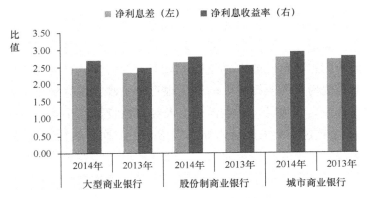

图 5 - 4　2014 年不同规模银行净利息差及净利息收益率比较
数据来源：根据各类银行中上市银行 2014 年年报数据加权平均得到。

2. 利息业务结构比较①

对于不同规模银行资产方（资金运用）的结构差异，将资金运用分为四个部分：各项贷款、有价证券及其他投资、缴存准备金存款、同业往来（运用方），中小银行的各项贷款份额（59.46%）略高于大型银行（54.60%），但在有价证券及其他投资上，大型银行（23.01%）远大于中小银行（15.43%），中小银行在有价证券及其他投资上的落后程度大大超过了在各项贷款上的优势。此外，在同业往来（运用方）中小银行比大银行高出近 6 个百分点。虽然与大银行相比，在总资产规模大幅提高的大环境下，中小银行有价证券及其他投资数量涨幅大于大型银行，但是有价证券及其他投资在资产总额的占比上却没有得到相应的提高。可见，在资金的运用上，受投资渠道、投资技术及风险管理的限制，与大型银行相比，中小银行资金运用方式有限，而更多地依靠贷款及同业往来，并削弱了中小银行的盈利能力。

对于在资产运用中占比份额较大的各项贷款而言，大型商业银行的短期贷款和长期贷款占比分别为 27.36% 和 70.84%，两项指标相差较大且以长期

---

① 中国人民银行网站公开数据。

贷款为主，而中小银行的各项贷款中短期贷款占比（48.77%）和长期贷款占比（47.63%）极为接近，并且不同规模银行在短期贷款和长期贷款占比上各年的变化幅度较小。从个人贷款结构上来看，不同规模银行个人贷款占比最大的均为个人住房贷款，在房地产相关调控政策下，此比例在2011年有所下降但仍在个人贷款占比中遥遥领先于其他各类个人贷款，且大型商业银行的个人房贷占比略高于中小银行，股份制商业银行占比最低；而以服务中小企业、个体商户为主要定位的中小银行，其个人经营性贷款远远高于大型商业银行，尤其是股份制商业银行中的民生银行，一改大多数银行个人房贷在个人贷款中占比最高的状况，民生银行个人经营性贷款在个人贷款中占比高达64.32%，大大超过其个人房贷占比（22.96%）。而与股份制商业银行相比，规模更小更倾向于服务小微企业和个人经营的城市商业银行，其个人经营性贷款占比却低于股份制银行，个人房贷占比反而与大银行相近，这是城市商业银行下一步调整个人贷款结构的需思考之处。此外，个人消费贷款占比和信用卡透支占比上，大型商业银行高于中小银行，尤其是城市商业银行在此两类贷款占比上与前两类银行差距较大，如何提高信用卡防范风险及管理能力，引导和挖掘中小企业主个人消费贷款是中小银行拓展个人贷款的关键。

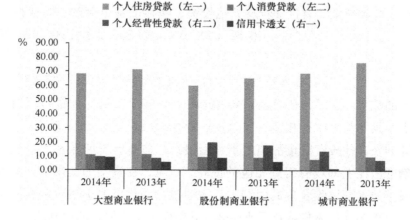

图5-5 2014年不同规模银行个人贷款结构比较

数据来源：根据各类银行中上市银行2014年年报数据加权平均得到。

（二）非利息业务比较

从非利息收入的构成上来看（如图5-6），大型商业银行的手续费及佣金收入和投资收益占比均大于中小银行。再从各类规模银行手续费及佣金收入组成占比上来看，排在大型银行手续费及佣金收入占比前三名的是结算业务、投资银行业务和银行卡业务，而股份制银行和城市商业银行较为一致，前三名为代理委托托管类业务、投资银行业务和银行卡业务。在传统的支付结算业务上，中小银行与大银行相比表现出了一定的弱势，这与中小银行支付结算工具欠缺、异地联行不足等状况相关。相对应地，中小银行更多的是向当地的中小企业提供低成本的托收代理类业务、担保及承诺类业务以增加手续费及佣金收入；同时，对于中小银行而言，另一个非利息收入上的劣势是理财业务收入，其中大型银行理财业务收入占比接近12%，而中小银行则未超过4%。可见，支付结算业务工具和联行的欠缺、理财产品研发的不足是中小银行非利息收入偏低的主要原因。

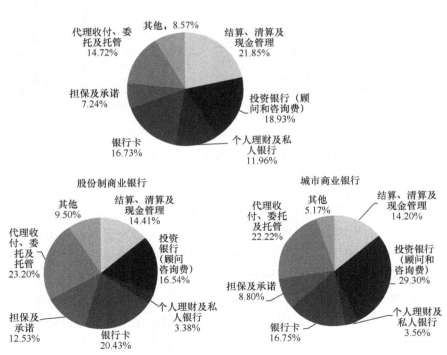

图 5-6　2014 年不同规模银行手续费收入结构比较

数据来源：根据各类银行中上市银行 2014 年年报数据加权平均得到。

再从手续费及佣金收入的成本收入比上来看，大型商业银行手续费及佣金支出占收入的比例（手续费及佣金净支出/手续费及佣金净收入）远远高于股份制商业银行和城市商业银行，且城市商业银行的手续费收入的成本率最高（如图5–7）。这也表明，与中小银行相比大型银行在非利息收入上有较好的成本优势，大型银行更应该大力发展非利息收入，这既是大型银行发展经营多元化的目标所向，又符合自身的比较优势。值得注意的是，不同规模银行的手续费及佣金收入的成本收入比与2013年相比2014年均进一步上升，这不利于银行进一步弥补在非利息收入上的短板。因此，监管部门在鼓励商业银行非利息收入上可以设法适当提出一些减小非利息收入支出的政策。

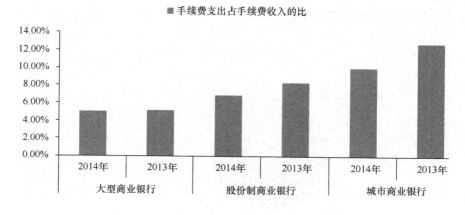

图5–7　2014年不同规模银行手续费支出占比
数据来源：根据各类银行中上市银行2014年年报数据加权平均得到。

从总的成本收益指标上来看，不同规模银行成本收入比较为接近，其中股份制商业银行成本收入比略高于其他两者。在分析完营业收入中的利息支出和手续费、佣金收入支出后，来进一步观察另一类成本，即与具体业务没有明确关联的营业成本。从具体数据可得（如图5–8），中小银行的营业支出占营业收入的比例低于大型商业银行，其中业务管理费占比与大银行相比较低，优势更加明显。中小银行主要在一定区域范围活动，可以充分运用当地人才和各种资源，信息成本、工资成本、固定设施成本等都较低，能够形成价格优势；而大银行应该在业务费用等营业支出上进一步节约成本。

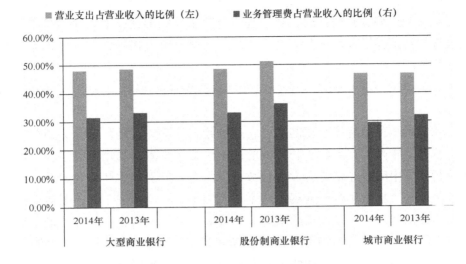

图 5 – 8   2014 年不同规模银行营业成本比较

数据来源：根据各类银行中上市银行 2014 年年报数据加权平均得到。

二、对业务结构调整的差异化监管需求

（一）未根据不同银行资产业务现状提出差异化的贷款激励

由上述数据分析可见，不同规模银行资金运用各种方式占比有所不同，即各自相对优势有差异，但在当前对不同规模银行的资产业务没有差别化激励政策的情况下，带来了不同规模银行的同质化竞争的加剧。比如在对小企业金融服务不分银行类别的统一优惠政策下，使得原本即以中小企业为主要客户群的中小银行面临更大的来自大银行的竞争，使得中小银行尽管单位生息资产收益率较高（净利差和净利息收益率高于大银行），但是较高单位利息收益仍不能抵消大银行在规模上的强大优势，使中小银行整体上的利息净收入占利息总收入的这一总体的利息成本率低于大银行。

因此，对于中小银行，若想在占比份额最高的利息收入上表现出更强的竞争力，那么在风险防范的基础上拓展盈利资产规模仍是当务之急。在这一点上要从中小银行贷款业务的短板入手加以弥补，如由上述数据分析可知，中小银行在个人消费性贷款和信用卡透支贷款上与大银行相差幅度较大，且城市商业银行本应有的个人经营性贷款优势没有发挥，这些都是从监管上给

予差异化对待的突破口。同时，大型商业银行相对中小银行在证券投资业务上有更大的优势和发展空间，在合理防范市场风险的前提下，如何激励大型商业银行在证券投资业务上提高资产运用效率是对大银行提供差异化监管激励的重要一环。

（二）中小银行服务中小企业的中间业务受阻且大银行中间业务发展激励不足

无论是从大型商业银行的综合化业务经营方向，还是从当前大银行在非利息业务上较高的收入占比和较低的成本优势上来看，利用监管手段鼓励大型银行发展中间业务是符合发展规律的。但是，近两年非利息收入成本上升的情况似乎又是该项业务发展的一个不利因素，在此情况下，大型商业银行亟需监管部门通过一些优惠政策为其发展非利息业务提供支持，以助其更明确自身发展定位并向着综合化的方向快速前进，摆脱依赖利差收入的局面，成为真正的国际性、综合性的大型商业银行。由于我国金融业目前仍以分业经营为主，证券业务和保险业务提升空间不大，而资产管理类业务具有较好的运营基础，可作为提高中间业务收入的突破口。高附加值投资理财和资产管理业务可成为我国银行中间业务扩展、丰富银行业务种类、减弱利率市场化下利差收入缩小隐患的主要方向。在提高银行业务种类多样性上，更不可对不同规模银行"一刀切"。与中小型银行相比，大型银行在综合性的战略定位、已有业务基础、综合实力上均具有大力发展中间业务的优势。监管当局应利用差异化的监管手段更好引导大型商业银行在资产管理类业务上的发展，通过资产份额占比接近半数的大型银行带动我国整个银行业业务种类的多样化。而对于中小银行，尤其是城市商业银行而言，在开办新业务方面，中小银行和大型银行虽然是处在同一个市场准入监管框架下，但由于中小银行，特别是大部分的城市商业银行风险管控能力不足、员工业务能力有限，以及一些隐含的准入条件，当前大部分城市商业银行一些银行承兑汇票、国债市场、外汇、衍生品交易等业务尚未开办，在传统的支付结算业务上中小银行远不及大银行，中小银行的理财业务占比与大型银行有较大的差距，中小银行更多的是向当地的中小企业提供低成本的托收代理类业务来增加手续费及佣金收入。但是，尽管中小银行发展非利息业务有诸多的内外限制因素，并不代表不应鼓励中小银行中间业务的发展，而是应该思考如何帮助中小银行更好地满足中小企业的非传统业务需求。就目前的监管政策而言，可以放开和激励中小银行在较为传统的低风险类的中间业务（如支付结算、理财服务、管理咨询等）的发展。这样，一方面可以减小当前中小银行在这几项业务受限的情况下，有较大潜在风险的担保承诺类业务的占比，另一方面，可以更好地从多方面吸引住中小企业客户，促进中小银行的特色化经营。

第四节　分支机构数量及地理分布的差异对差异化监管的要求

一、分支机构数量及地理分布的差异

（一）不同规模银行与分支机构数量相关的比较

以上市银行为例，11家上市的中小银行（8家股份制银行和3家城市商业银行）的分支机构总数（5 486个）[①]仅约为5家大型商业银行分支机构数目（67 651个）的8%（如图5-9）。目前我国161家商业银行中，除五大国有银行、国家开发银行、邮政储蓄银行外，中小型银行154家，占数量的90%以上，但从银行分支机构比例来看，中小型银行仅占3.39%。而与美国相对比，截至2011年6月，在经历了银行业的大规模合并后，美国商业银行数量仍为7 502家，其中6 985家中小银行（midsized bank & community bank）分支机构31 077家，517家大型商业银行（large bank）分支机构65 860家[②]，在分支机构占比上中小银行大约占比35%，即大约35%是包括地方银行和家乡银行在内的主要服务于当地客户的独立的小银行。相比之下，我国立足于基层和地方的小型信贷服务机构，尤其是小型银行机构数量明显偏少。

而单位分支机构的员工数量上，却是股份制商业银行和城市商业银行大于大型城市商业银行，尤其是股份制商业银行约为大型商业银行的2倍（如图5-10）。大、中小商业银行单位分支机构数量出现较大的差距，一方面，既是中小银行进一步增设分支机构的人力基础，又是减少人力成本节约管理费用的信号；另一方面大型银行分支机构数量过大带来的单位分支机构人员数量的减小不利于单位网点的服务能力，降低大银行分支机构数量提倡单位

---

① 股份制银行分支机构5 081个，城市商业银行分支机构405个。
② 数据来源：FDIC。

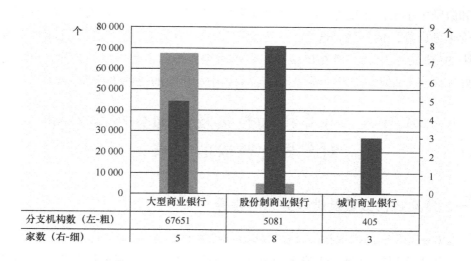

	大型商业银行	股份制商业银行	城市商业银行
分支机构数（左-粗）	67651	5081	405
家数（右-细）	5	8	3

图 5 – 9　2014 年不同规模银行机构数量比较

数据来源：根据各类银行中上市银行 2014 年年报数据加总得到。

分支机构高效服务是大银行机构改革的重点。

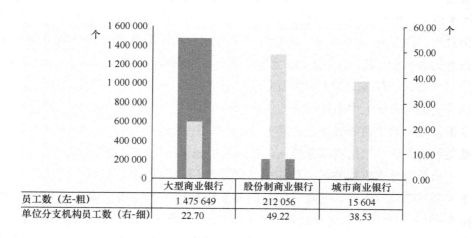

	大型商业银行	股份制商业银行	城市商业银行
员工数（左-粗）	1 475 649	212 056	15 604
单位分支机构员工数（右-细）	22.70	49.22	38.53

图 5 – 10　2014 年不同规模银行员工数量比较

数据来源：根据各类银行中上市银行 2014 年年报数据加总得到。

从不同规模银行单位资产量来看，单位分支机构资产量和单位员工资产量两个指标均表现为与银行规模成反比，即规模越大银行单位分支机构资产量和单位员工资产量越低，即这两类指标均是按照城市商业银行、股份制银行、大型商业银行的顺序依次降低（如图5−11）。

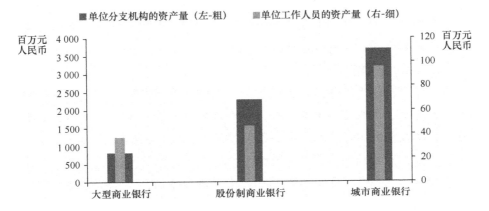

图 5−11　2014 年不同规模银行单位分支机构资产量比较

数据来源：根据各类银行中上市银行 2014 年年报数据加权平均得到。

不同规模银行单位营业收入状况来看，与上述单位资产量的比较结果相同，银行规模越大单位分支机构的营业收入和单位员工的营业收入越少，即大型商业银行的单位分支机构和单位员工所创造盈利的能力低于中小银行（如图5−12）。

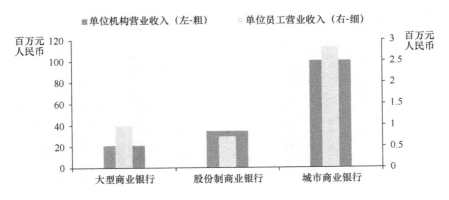

图 5−12　2014 年不同规模银行单位分支机构营业收入比较

数据来源：根据各类银行中上市银行 2014 年年报数据加权平均得到。

从大中小银行分支机构数量上的悬殊差距，中小银行人力资本的现有基础、大中小单位资产量和盈利能力的对比可见，以实现银行业区域均衡化发展为出发点，提高中小银行分支机构数量、调整和减少大型商业银行分支机构数量是使商业银行在较充分的竞争中达到高效的一条途径。那么如何增加中小银行分支机构、调整大型银行分支机构数量？本书将在下一步对各类规模银行在不同区域的机构设立和经营状况作出分析。

（二）不同规模银行地区分布差异

我们以在法规上不受准入限制的全国性的股份商业银行和大型商业银行为例，观察大、中小银行分支机构及资产规模的分布情况。在境内分支机构分布上，大型商业银行在西部和中部的数量占比最大，超过了20%，而环渤海地区、长江三角洲和珠江三角洲地区次之，介于11%至15%之间，东北地区分支机构占比最低，低于10%；而与大型商业银行分支机构分布不同，全国性的股份制商业银行分支机构数量占比最大的是长江三角洲（24.68%）和珠江三角洲地区（20.73%），环渤海地区略低，但达到了约18%，中部和西部地区分支机构数量占比略低于15%，而占比最小的仍为东北地区（仅不到7%）（如图5-13）。总体上看，股份制商业银行分支机构数量分布与地区经济的发展程度正相关，而大型商业银行可能是出于服务中西部的政策考虑，增大了在中西部分支机构的设立数量。

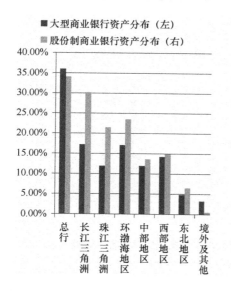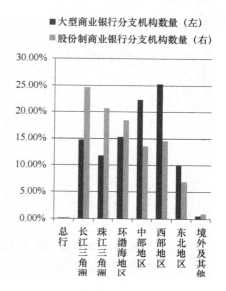

图5-13 2014年不同规模银行资产、分支机构地区分布比较

数据来源：根据各类银行中上市银行2014年年报数据加权平均得到。

在观察分支机构数量分布之后，我们进一步用数据分析不同规模银行在不同地区的资产分布状况。但总体而言，虽然不同规模银行分支机构数量分布有差异，但是资产的地区分布却基本一致，与地区经济发展状况正相关，即除了总行外，资产占比最高的前三名均为长江三角洲、环渤海地区、珠江三角洲，尤其是股份制商业银行在长江三角洲地区的资产占比超过了30%，而西部和中部次之，处于10%和15%之间，资产分布占比最低的均为东北地区（如图5-13）。与上述的不同规模银行分支机构的分布特征相结合可见，中小银行不同地区分支机构和资产的分布占比状况是一致的，而大型商业银行分支机构数量最多的西部和中部地区资产分布占比却较低，而分支机构数量相对较少的长江三角洲、珠江三角洲和环渤海地区资产份额却最大（如图5-14），这表明大银行单位分支机构的资产量会在不同地区有较大的差异，下面进一步分析不同地区单位资产量和盈利性的对比情况。

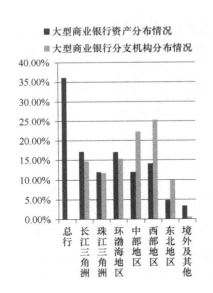

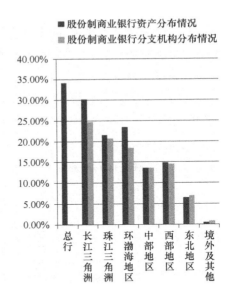

图5-14 2014年不同规模银行资产、分支机构地区分布比较

数据来源：根据各类银行中上市银行2014年年报数据加权平均得到。

为进一步分析不同规模银行在不同地区机构的运行效率，我们下面来观察不同规模银行单位分支机构和单位员工的资产规模和盈利性。

在不同地区单位资产规模上（如图5-15），单独观察各类银行可见，不同规模银行其单位分支机构的资产量和单位员工的资产量的分布与上述的资产总量的分布状况相一致，经济和金融活跃地区的银行单位资产持有量较高，而股份制商业银行在不同地区单位资产的分布较为接近。对比分析不同规模银行则可以发现，不同地区中小银行的单位分支机构资产量和单位员工的资产量均远远大于大型商业银行，并且与大型商业银行相比，中小银行单位资产量的领先地位在资产总量较低的地区（即中西部和东北地区）更加明显。换言之，与大银行相比，中小银行在金融经济欠发达地区的市场份额拓展能力和优势胜过在沿海经济发达地区。尤其是对于城市商业银行，图中数据由于仅涵盖上市的北京银行、南京银行和宁波银行而没有城市商业银行在东北的数据，仅以这三家银行为代表，其总部所在的长江三角洲和环渤海地区单位分支机构资产量和单位员工的资产量与股份制银行相近甚至有落后的现象发生。而在非总部所在地，尤其是在中西部地区，不仅大于总部所在地的单位资产量，而且远远高于股份制商业银行和大型商业银行。可见，中小银行单位资产优势表明其可进一步通过增设分支机构的方式来拓展资产总量，争取更多的市场份额。而尤其是在其优势更强的中西部、东北地区增设分支机构，一方面可为自身抢占更大的市场，另一方面也为经济不发达地区的金融业引入新鲜血液，在与大银行的竞争中提高这些地区的金融效率。特别是对于城市商业银行，其在总部当地的竞争实力已与股份制商业银行相当，而跨

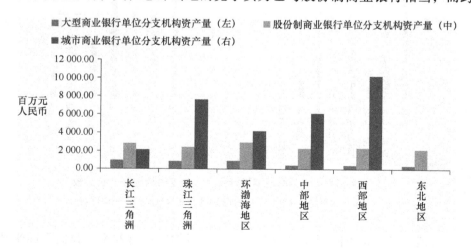

图 5 - 15　2014 年不同规模银行单位资产地区分布比较

数据来源：根据各类银行中上市银行 2014 年年报数据加权平均得到。

区设立的分支机构的更大的相对优势为鼓励城市商业银行发展跨区经营提供了支持。

　　与单位资产规模的分布特征较为相似，在不同规模银行单位分支机构和单位员工营业收入地区分布上（如图5－16），大型商业银行单位营业收入状况与当地经济程度相关，中西部及东北地区数值较低，而与大型商业银行恰好相反，除了长江三角洲地区仍保持领先地位外，中小银行在中西部及东北地区的单位分支机构和单位员工的营业收入高于珠三角地区和环渤海地区，尤其是城市商业银行中的代表，北京银行在西部地区的单位分支机构的营业收入处于绝对领先地位。换言之，在中小银行各地区单位盈利性大于大型银行的状况下，中小银行在经济欠发达地区，如中西部和东北地区的分支机构

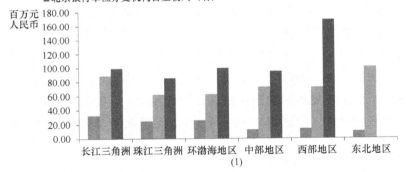

(1)

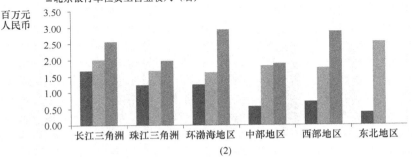

(2)

图5－16　2014年不同规模银行单位营业收入地区分布比较

数据来源：根据各类银行中上市银行2014年年报数据加权平均得到。

的高效性更加凸显。这也是在继上述从单位能力、市场拓展能力上说明中小银行可向中西部和东北地区进行区域扩张外，再次从单位机构的高效的盈利性上表明中小银行在经济金融落后地区的比较经营优势。虽然各类单位资产量和盈利性指标表明中小银行在沿海发达地区仍有增设分支机构的空间，但是中小银行应充分发挥更大的比较优势，通过增设分支机构增大市场份额这一手段的实施重点可以放在中西部及东北地区；而对于大型银行，缩减分支机构数量尤其是低效率的经济欠发达地区的分支机构数量可以实现瘦身。另外，通过引入更多的、高效的中小银行提高中西部及东北地区的银行业的竞争性，可以增进这些地区银行业整体的服务效率。

（三）存贷款比较

在一定监管指标范围内，贷款与存款的比例越高表明在当地资金配置的效率较高，下面我们进一步观察不同规模银行在不同地区的存贷比数据（如图 5–17）。整体而言，在不同地区，股份制商业银行的存贷比均高于大型商业银行，而且从区域对比分析来看，大型商业银行在长江三角洲和珠江三角洲地区的存贷比仍然大于中西部和东北地区。大型商业银行在经济欠发达地区较低的存贷比表明在这些地区存在着存款的流失，使本地原本稀缺的金融资源部分流向了经济较发达的地区。而与大银行相比，股份制商业银行在中西部和东北地区的存贷比数值却高于沿海地区，更好实现了经济金融不发达

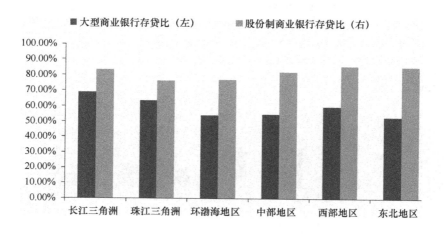

图 5–17　2014 年不同规模银行存贷比地区分布比较

数据来源：根据各类银行中上市银行 2014 年年报数据加权平均得到。

地区资金的高效配置。这也再次表明中西部和东北地区更需要更多股份制商业银行的进入，在拓宽存款量的基础上更好地将资金供当地所用。而如何通过更合理的指标设置，更好地引导新增设的分支机构为当地经济服务，应该成为审批中小银行异地分行设立中的重点。

二、对分支机构准入差异化监管的需求

（一）不同规模银行机构数量差距悬殊且匹配失衡

由上述数据分析可见，当前中国中小银行分支机构数量与大型银行相比差距较大，如11家上市的中小银行（8家股份制银行和3家城市商业银行）的分支机构总数（5 486个）仅约为5家大型商业银行分支机构数目（67 651个）的8%（如图5-9）。而美国截至2011年6月，在经历了银行业的大规模合并后6 985家中小银行（midsized bank & community bank）分支机构31 077家，在分支机构占比上中小银行大约35%。而以人均GDP衡量，中国的经济发展水平与美国20世纪中期相持平（约人均5 000美元），从理论角度讲应该大量发展中小银行，我国大力发展中小银行将在动员储蓄、促进中小企业融资、鼓励竞争、促进金融平衡发展等方面发挥重要作用。另外，在市场经济建立和完善过程中，发展中小银行还能够有效地抑制地下金融活动，成为金融体系改革的动力和重组的手段。同时，中小银行的健康发展将形成一种市场力量，这种自下而上的市场力量将给整个银行体系改革带来活力和生机。与中小银行较少的分支机构数量相对应，分支机构数量庞大的大型银行在单位机构的服务效率、资产拓展能力、盈利能力上均低于中小银行。而放松中小银行的市场准入是中小银行自身得以成长、壮大和发展的必要条件。这种机构数量匹配上的失衡需要监管部门采用强制性的差异化监管手段，更好地实现金融服务对经济发展的推动。

与上述对大中小银行分支机构数量调整的客观需求相反，当前中国不同规模银行的市场准入监管政策与这一现实需求相悖。从有关不同规模银行分支机构设立的监管规定来看，银监会《中资商业银行行政许可事项实施办法》中只规定了国有商业银行和股份制商业银行申请设立分行的条件，对城市商业银行设立分行事项未做出规定，也就意味着未考虑或者说不支持城市商业银行跨省设立分支机构。此外，无论是大银行还是中小银行设立分支机构的条件是一样的，但在实际监管实践中，对规定中"银监会规定的其他审慎性

条件"的理解其实是很宽泛的，风险处置尚未完成、资本充足率尚未达标、股权结构不合理或更高的银监会监管导向要求等等均可以被理解为是不符合审慎条件。可见，在市场准入尤其是对中小银行的准入上，缺乏科学分析和统一规划，对中小银行的市场需求数量没有进行科学分析和评估，在发展的进度安排、准入条件等方面的总体规划有待完善。

（二）中小银行地理分布受经济发展不均衡的影响较大

银行业发展与经济发展是相互作用的因果关系，如果没有不稳定力量的影响，银行与实体部门将一直保持相互促进、相互影响的过程。目前我国中小银行地理分布状况基本反映了中国经济发展南北东西地域的社会经济差别，而大型商业银行可能是出于服务中西部的政策考虑增大了在中西部分支机构的设立数量。而由上述不同规模银行地区分布情况的数据分析可见，在中小银行各地区单位机构资产拓展能力、盈利性、资源匹配效率（存贷比例）大于大型银行的状况下，中小银行在经济欠发达地区，如中西部和东北地区的分支机构的高效性更加凸显，中小银行应充分发挥比较优势，通过增设分支机构增大市场份额这一手段的实施重点可以放在中西部及东北地区，同时增进这些地区银行业整体的服务效率。在经济发展不均衡的影响下，同时又受到机构设立准入的限制，中小银行忽略了对各地市场的研究和发展，两者造成的共同后果是，一方面经济金融欠发达的急需金融服务的地区和人群需求得不到满足，另一方面中小银行也无法发挥竞争优势。为了改变这种状况，必须审慎考察中国经济不平衡对中小银行分布的影响，放开准入政策并积极引导中小银行在经济金融发展较为落后、金融服务供不应求且其自身经营效率又较高的地区开设分支机构，引入竞争机制，提高这些地区金融服务效率的同时使中小银行寻求到新的盈利点；而不应仅利用行政手段要求分支机构数量庞大的大型银行继续增设机构为金融欠发达的地方提供低效率的金融服务。此外，为了更好地促进在中西部地区银行分支机构服务当地的经济，可考虑制定更好的评定当地金融服务状况的准入考核指标。

（三）分支机构审批可多考虑其对当地经济的金融服务状况和能力

如第三章所提及的，我国在对银行分支机构准入上是否放宽的一个重要的考核标准是对小企业金融服务业务的完成情况。而与中国不同，美国在银行分支机构审批中更注重拟设立的机构对当地经济的金融服务状况，并对不同规模银行在此方面的考核内容有所不同。具体的评估项目内容，比如对不同规模银行均需评估拟设机构区域内外、该区域内不同收入地区的贷款活动，包括不同收入地区的中小企业及农业贷款的笔数和数量；不同收入群体的贷款情况，且大银行还需公布商业和农业小额贷款四个贷款金额区间的贷款量；以及对年收入小于 100 万美元的小企业贷款数量与全部小企业贷款总量的比较。此外，美国关注大银行在创新和灵活性贷款上的实践，考虑大银行是否通过提供创新性或灵活性的信用产品开展对低收入和中等收入人群或地区的信贷活动；并且注重小银行处理投诉的情况，是否面对评估地区信贷投诉采取了实质性的、创造性的解决方法或反应行动。

以服务当地经济为基础拓展自身市场占有率是银行设立分支机构的目的所在，监管当局更应以是否能够提高当地金融服务数量和质量作为衡量银行分支机构设立的主要依据，而不应该仅以对小企业金融服务的提供作为判断标准。在这一点上，美国通过 CRA 法案对银行分支机构的设立对当地金融服务的状况和能力进行评估，以及对不同规模银行评估的差异化政策值得借鉴。

第五节　不同类型风险特征的差异对差异化监管的要求

一、不同类型风险特征的差异

（一）流动性风险

如图 5-18 至图 5-20 所示，从流动性风险指标来看，不同规模银行流动性比率、存贷比例、拆入（出）资金比率均符合监管的要求。各类银行在流动性比率上无明显差异，均有较好的短期流动性；在存贷比指标的对比上，股份制商业银行存贷比例略高于大型商业银行和城市商业银行，一方面表明股份制银行在存贷款资源的配置上更加有效，另一方面表明在流动性上略低于大型商业银行；再从拆借资金比例上看，作为短期临时性调剂资金的借贷业务，拆借资金的比例较高将直接影响到未来的支付能力。从各类银行整体比较来看，中小银行无论是拆入资金比例还是拆出资金比例上均高于大型商业银行，尤其是城市商业银行此两项比例更高，无论拆出或拆入资金都要考虑资金的承受能力。拆出资金时，要考虑即期的资金能力；拆入资金时，要考虑预期是否有足够的资金来源。可见，中小银行发生潜在流动性危机的可能性相对更高。值得注意的是，大型商业银行和股份制商业银行拆出资金比例均大于拆入资金比例，是资金的净拆出方，而城市商业银行则成为了相反的资金净拆入方，在流动性资金的需求上大大强于规模较大的银行。从上述三类流动性指标来看，总体上，中小商业银行的流动性风险大于大型商业银行，尤其是城市商业银行应更多考虑流动资金的充足性。

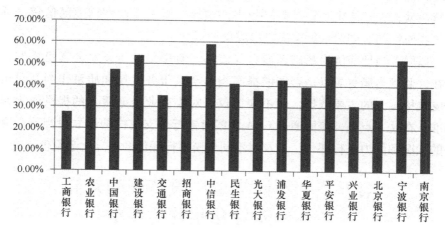

图 5 - 18　2014 年不同规模银行流动性比较

数据来源：各银行 2014 年年报数据。

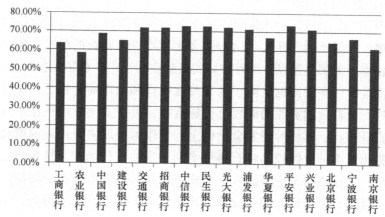

图 5 - 19　2014 年不同规模银行存贷比例比较

数据来源：各银行 2014 年年报数据。

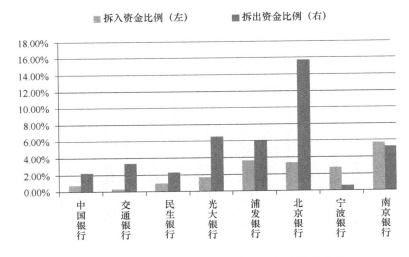

图 5 – 20　2014 年不同规模银行拆入和拆出资金比较

数据来源：各银行 2014 年年报数据。

（二）信用风险

从信用风险的总体情况来看，以不良贷款率指标为例，经过不良资产的剥离，中国当前不同规模银行均达到了监管要求，且中小商业银行的不良贷款率低于大型商业银行（如图 5 – 21）。但值得注意的是，不同规模银行在不良资产剥离的操作上有所不同，对于大型商业银行，国家组建金融资产管理公司对四家大型商业银行的不良资产进行剥离，并给予相应的政策扶持，国家在大型银行上市时给予资本金补充。而中小商业银行不良贷款无法剥离，历史包袱只能依靠自身化解。截至 2006 年年末，城市商业银行平均不良贷款率虽然下降至 5%，平均资本充足率达到 8%，但不良贷款的消化很大部分是通过"置换"完成的，即地方政府拿出一定的资产和地方银行的不良资产进行互换，双方签订置换协议，约定在一定时间（例如 10 年）之后，双方再进行一次互换，即城市商业银行和城市信用社在约定时间对这部分资产进行回购。这部分不良贷款只是在形式上不在银行的资产负债表中体现，不良贷款的清收、核销工作还要由银行继续进行，银行的历史包袱并没有真正卸掉。监管部门认同这种做法是想通过这种"时间换空间"剥离的方式给予两类机构进一步发展的良好环境。因此，我们在未来一段时间内需要对城市商业银行不良资产的后续处置状况予以关注。

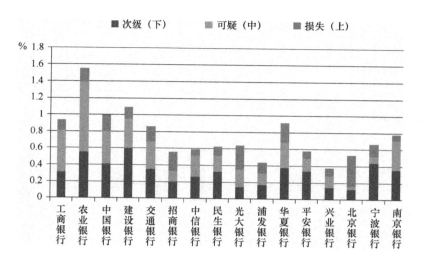

图 5 – 21　2014 年不同规模银行不良贷款占比及构成

数据来源：各银行 2014 年年报数据。

从贷款的集中度上来看，在最大单一客户贷款比例和最大十家客户贷款比例上，中小银行均略高于大型商业银行。因此，对于中小银行的信用风险考察，更应关注其最大单一客户和最大十家客户的经营状况（如图 5 – 22）。

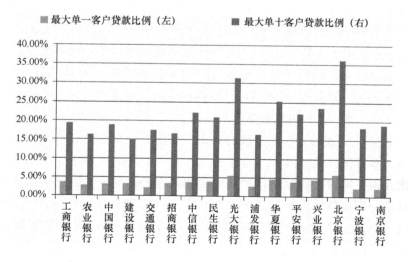

图 5 – 22　2014 年不同规模银行贷款客户集中度比较

数据来源：各银行 2014 年年报数据。

从贷款的行业分布上来看，通过对各类规模银行贷款占比较大的行业未来发展的判断，可以更好地衡量和预测不同规模银行潜在的信用风险（如图5-23）。在贷款的行业集中度上，不同规模银行在各行业间的贷款分布有所不同，除制造业贷款居于各类银行最大占比位置外，大型商业银行贷款行业分布均位于第二、第三位的是交通运输、仓储和邮政业，电力、燃气及水的生产和供应业。这主要是由大型商业银行与同为国有背景下的能源交通类的垄断企业一贯的业务往来决定的。而中小商业银行于制造业之后的占比较大的行业是批发、零售及住宿，租赁和商务服务业和房地产业。这与中小银行主要的客户全体是工商类的中小企业相关，而且对于城市商业银行，其水利、环境和公共设施管理业的贷款占比较大，这表明与当地政府有着密切关联的城市商业银行在一定程度上承担着为当地城市基础设施提供融资的任务，使得这部分盈利性较低的贷款投向比例较高。由此可见，中小银行的地方属性比较浓厚，大多是由地方政府控股，在现行体制下，各级地方政府为了多上项目，以促进本地区的经济发展，往往对地方性中小银行的项目调查、信贷决策等经营活动直接干预，极易导致决策失误，造成资产质量低下、资产流动性差等后果，从而影响该类机构业务的进一步拓展。中小银行是我国经济与金融体制改革的见证与缩影，也是我国产权制度变迁在金融领域的反映与表现，来自多种所有制经济发展的资金需要和多种社会目标压力，促使政府采取了适应社会需求的（产权）制度变革。信用风险在地域和产业上集中的问题，对中小银行来说或许是极为重要的风险因素（图5-23）。

从表内业务和表外业务划分来看，中小银行的表外业务的信用风险暴露略大于大型商业银行，而考虑到上述数据分析中中小银行非利息收入占比较低的状况，可知中小银行的表外业务资金投向比例并不小于大型商业银行，但是在表外业务的盈利性上远远低于大型商业银行（如图5-24）。其主要原因在于，在当前中小银行部分表外业务如银行间支付结算、理财业务能力受限的情况下，中小银行的表外业务中有潜在信用风险的承诺担保类业务占比较大，这与中小银行主要服务对象——中小企业对此类业务的需求较大相关。因此，尽管中小银行表外业务收入占比较小，但也绝不能忽视其表外业务的风险；在表内业务中各类资金投向的风险暴露占比上，受业务经营范围、投资技术和能力、风险管理能力的影响，中小银行的客户贷款及垫款的信用风险暴露（59.46%）略高于大型银行（54.60%），但在有价证券及其他投资的

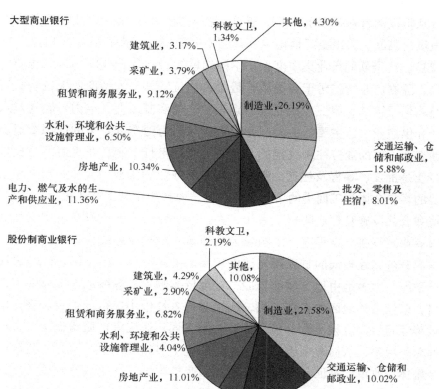

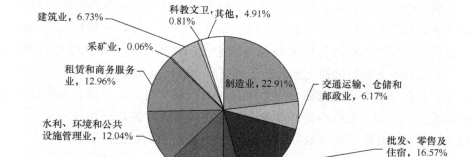

图 5-23　2014 年不同规模银行贷款行业分布情况比较

数据来源：各银行 2014 年年报数据。

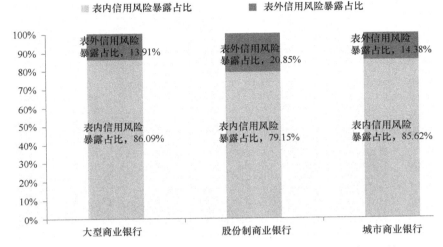

图5－24 2014年不同规模银行表内外信用风险暴露占比情况比较

数据来源：各银行2014年年报数据。

信用风险暴露上大型银行（23.01%）远大于中小银行（15.43%）①。而以担保方式不同来划分客户贷款及垫款可见，大型商业银行的信用贷款比例高于中小银行，这可能与大型银行有较高的优质的国有企业客户群有关，对这些关系企业的贷款多为信用贷款；而在非信用贷款上，大型商业银行抵押和质押类贷款占比高于中小银行尤其是城市商业银行，而由于中小企业抵质押物品的缺乏，使得中小银行的保证类贷款比例高于大型商业银行（如图5－25）。

（三）利率风险

由各类上市银行年报中对于自身利息风险的预测我们得到图5－26中的数据，可见，若利息变动100个点，大型商业银行利息净收入的变化比率大于中小银行，即利息收入对于利率变化的敏感性随着银行规模的增大而增强。这主要是由不同规模银行利息收入结构决定的，与上述大中小银行资产投向结构有较大的差异，在各项贷款、有价证券及其他投资、缴存准备金存款、同业往来（运用方）四部分利息收入中，中小银行的各项贷款份额高于大型银行，但在有价证券及其他投资上大型银行远大于中小银行，此外，在同业往来（运用方）占比上中小银行比大银行高出近6个百分点。可见，与投资

① 数据来源：央行网站统计数据。

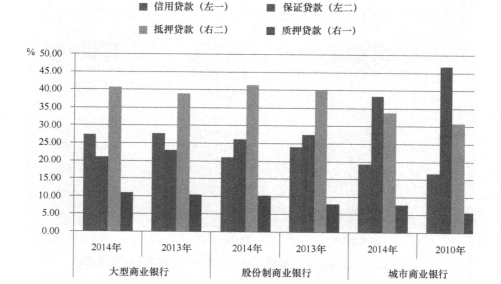

图 5-25　2014 年不同规模银行不同担保方式贷款占比情况比较

数据来源：各银行 2014 年年报数据。

范围多局限于传统的贷款和同业业务的中小银行相比，占比相对较大的、受利息波动影响较大的证券投资等资本市场业务使得大型商业银行利息波动产生的潜在市场风险较大。

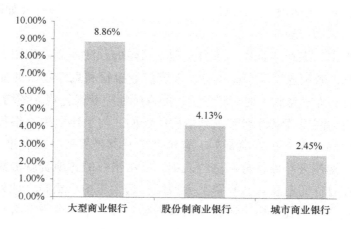

图 5-26　2014 年不同规模银行利率波动 100 个点后利息收入变化比率

数据来源：各银行 2014 年年报数据。

二、对不同风险监测的差异化监管需求

由上述对不同规模银行不同类型风险的分析数据可见，大中小银行各自业务和资产构成、贷款性质、客户类型、成长历程等多方面的诸多差异，使得不同规模银行的流行性风险、信用风险、市场风险呈现出不同的风险特征，而不同的风险特征使得同样的风险监控指标在大中小银行之间缺乏可比性，削弱了对各类银行风险判别的针对性和有效性。但是与美国相比，当前中国的"风险管理方法与规模相应"的思想仍仅作为一项指引性纲领为实际监管工作提供差异化的政策依据，并没有以规章的形式将此差异化的思想具体为不同规模银行的各类风险的监测内容上。

（一）缺乏对中小银行流动性风险的特殊关注及应急预案

从大、中小银行流动性比率、存贷比例、拆入（出）资金比率三类流动性指标的比较来看，中小商业银行的流动性风险大于大型商业银行，尤其是城市商业银行流动资金的充足性较弱。与大型商业银行相比，中小商业银行缺乏国有资本的支持和国家声誉隐形的保证，特别是在中国当前缺乏对中小商业银行存款保险制度的情况下，对中小银行流动性的特殊监测显得尤为重要。

（二）缺乏以资金运用为基础的有区别的信用风险监测

当前对银行业信用风险的监测主要通过不良贷款率、拨备覆盖率、贷款拨备率这三个指标进行，但这些指标忽略了不同规模银行因历史因素、业务结构和对象不同带来的信用风险结构的差异。

一方面，中小商业银行通过与地方政府的"置换"剥离了不良贷款但约定时间对这部分资产进行回购。这部分不良贷款只是在形式上不在银行的资产负债表中体现，不良贷款的清收、核销工作还要由银行继续进行，银行的历史包袱没有真正解除。因此，尽管当前从不良贷款率和拨备覆盖率数值上看，中小商业银行的信用风险水平低于大型商业银行，但中小商业银行如何化解这些潜在的不良贷款仍需要进一步考虑。

另一方面，从不同规模银行具体的资金投向上来看，大、中小银行在贷款前几大客户集中度、贷款的行业和地区分布、贷款客户类型、表内外信用风险暴露的占比、不同担保方式的贷款比例上均有所不同，应该根据各自的信用风险特征在具体的信用风险监测中有所侧重，建立起差异化的对不同规

模银行的定性、定量的信用风险监测内容，更敏感和有效地对大中小银行的信用风险进行监控和预测。

当前，已有的差异化监管的出发点落到了小企业金融服务上，一方面体现在对小企业贷款分类方法的特殊规定，另一方面体现在对小企业不良贷款管理制度的优惠政策。其目的均在于通过与小企业贷款特征相适应的更简化、适度优惠的监管手段促进小企业金融服务的发展，但这可以视为从不同规模银行不同客户类型的角度出发，间接的对小企业贷款占比不同的大中小银行的信用风险管理的差异，而从上述的其他几个方面出发的差异化信用风险监测仍有待提出。

（三）未能利用市场风险的管理更好地促进大型商业银行资产业务的多样化

上述数据分析得出结论，证券投资及其他类投资业务占比较大的大型商业银行利息收入对利率变化的敏感性较大，而大型商业银行多样化经营的业务定位也决定了其证券市场和衍生品市场投资占比的进一步增大。鉴于此，对大型商业银行市场风险的监控应较中小银行得到更大的重视，一方面防止大型商业银行市场风险的激增和蔓延，另一方面通过对市场风险管理的监督更好地促进大型商业银行业务的多样化。

（四）对建立中小银行存款保险制度的需求

由上述数据分析可见，与大型商业银行相比，中小商业银行流动性较弱，面临着更大的高风险性和不确定性。中小金融机构需要强制性存款保险制度，一方面是对中小金融机构发展的一种强制性保护，另一方面可保护存款人利益，维护银行业秩序稳定，提高监管效率。

与美国较为成熟且体现出不同规模商业银行差异性的存款保险制度不同，当前中国没有显性的存款保险制度，但政府一直承担着隐性的存款保险职责。在隐性存款保险制度下，政府倾向于向国有控股大型商业银行提供更多的保护，因而导致大银行与小银行、国有控股银行和非国有控股银行处在不平等的竞争地位，我国目前不合理的银行市场结构也与这种隐性存款保险制度有很大的关系。具体而言：首先，作为最大的股份持有人，政府对大型国有控股银行的存款人基本上会提供完全的保护，存款人也将国有大型商业银行的信誉等同于国家信誉，认为国有大型商业银行比中小商业银行安全，从而降低了资金成本。其次，隐性保险还表现为一些政府偏爱和政府行动。无论是剥离四大银行的不良资产，还是注资都可看作是政府为大型商业银行存款人提供了一种变相的"存款保险服务"，它的"保费"是以税收或铸币税、通货膨胀税的形式从纳税人那里筹集来的。从中央到地方各级政府对大型商业银行和其他中小商业银行都持有不同的态度，更多有利措施促进，五大国有控股商业银行的发展，而其他中小商业银行却没有得到同等的待遇，使得中小商业银行经过多年的努力仍占有非常有限的市场份额。

在目前的监管框架下，监管当局一方面强调中小商业银行抵御风险的能力不强，一方面又迟迟不推出有利于促进中小商业银行和大型商业银行公平竞争的显性存款保险制度。独允许大型商业银行在隐性的存款保险制度下享有大部分存款资源，显然不利于中小商业银行获得公平发展的空间，不利于金融体系的长远发展。

基于对中美现有差异化监管政策的归纳总结及对比分析，对已有差异化监管政策有效性的实证检验，对中国大中小银行经营差异性的深入分析，本书提出促进中国大、中小商业银行特色化发展的差异化监管政策需求。

首先，充分认识不同规模银行的市场定位，不同的战略定位是差异化监管的基础，是具体差异化监管政策制定和实施的依据，监管当局应利用各种差异化的监管手段对不同的市场定位予以引导和鼓励，减少不同类型银行间的同质性竞争。具体而言，在对资本差异化监管需求上，当前的监管政策重资本充足率数值的监管，缺少对结构的差异化调整，缺乏对大型银行附属资本来源渠道应用及创新的引导，缺乏对中小银行股本来源的支持和监督。在对机构准入的差异化需求上，当前的监管政策带来不同规模银行机构数量差距悬殊且匹配失衡；中小商业银行地理分布受经济发展不均衡的影响较大，分支机构审批可多考虑其对当地经济的金融服务状况和能力。在不同风险监测的差异化需求上，与美国相比，中国的"风险管理方法与规模相应"的思想仍仅作为一项指引性纲领为实际监管工作提供差异化的政策依据，并没有以规章的形式将此差异化的思想具体为不同规模银行的各类风险的监测内容上。我国仍缺乏对中小银行流动性风险的特殊关注及应急预案，缺乏以资金运用为基础的有区别的信用风险监测，未能利用市场风险的管理更好地促进大银行资产业务的多样化。最后，本书提出了中小银行对存款保险制度建立的需求。

专题5　调整并弱化商业银行存贷比监管口径

2014年，为适应我国银行业资产负债结构多元化发展趋势，银监会进一步完善存贷比监管，印发《关于调整商业银行存贷比计算口径的通知》，于2014年7月1日起正式实施。

1. 调整存贷比计算币种口径

调整前对本外币合计口径进行监管考核，调整后只对人民币业务实施存贷比监管考核，本外币合计和外币业务存贷比作为监测指标。这一调整符合我国现行法律法规，也符合《巴塞尔协议第三版》和《商业银行流动性风险管理办法（试行)》对重要币种流动性风险单独管理的要求。对本外币合计和外币业务存贷比实施监测，可以防范通过本外币转换进行监管套利等问题。

2. 调整存贷比分子（贷款）计算口径

在近年已实施的存贷比分子扣减支农再贷款、小微企业贷款专项金融债、"三农"专项金融债对应贷款，以及村镇银行使用主发起行存放资金发放的农户和小微企业贷款基础上，再扣除以下三项：①商业银行发行的剩余期限不少于一年，且债权人无权要求银行提前偿付的其他各类债券所对应的贷款；②支小再贷款所对应的小微企业贷款；③商业银行利用国际金融组织或外国政府转贷资金发放的贷款。上述贷款具有明确稳定的资金来源，无须相应的存款资金进行匹配。

3. 调整存贷比分母（存款）计算口径

在原有计算口径基础上增加以下两项：①银行对企业、个人发行的大额可转让存单；②外资法人银行吸收的境外母行一年期以上存放净额。其中，企业和个人的大额可转让存单是银行的稳定资金来源；外资法人银行相当一部分资金来源于母行存放，将其中一年期以上存放净额计入，可以促进外资银行充分运用境外母行提供的稳定资金拓展业务，支持实体经济发展。

调整后的存贷比这一监管指标也即将被取消，银行即将摘下戴了20年的"紧箍咒"，能将更多精力转移至资产管理等蓝海领域。2015年6月24日，国务院总理李克强主持召开国务院常务会议，会议通过《中华人民共和国商业银行法修正案（草案)》，这是自1995年起颁布实施的《商业银行法》首次迎来大修。其中，被业内长期诟病的"存贷比"红线将正式删除，不再作为硬性监管指标出现。

资料来源：2014年中国银行业监督管理委员会年报。

第六章

中国大、中小商业银行
差异化监管政策展望

鉴于当前差异化监管政策的不足，以及前文对不同规模商业银行差异化监管的需求分析，本书于最后一章提出进一步提高我国银行监管效率、促进不同规模商业银行在良性竞争中特色化发展的差异化监管政策。

一、商业银行规模划分标准的建立和动态调整

针对商业银行建立科学合理的区隔方法是差异化监管制定和实施的重要前提。差异化监管中差异化的划分标准并不唯一，而本书选取"规模"作为差异化监管研究的分界点，主要原因在于在银行业实际经营中资本化比例、贷款组合潜力、业务发展性及盈利结构等指标均与银行规模紧密相关。但是当前，我国无论是银行业监管当局（中国银行业监督管理委员会）的监管实践还是学界的学术研究，商业银行分类方法仍沿用以往根据股东所有权性质的划分，即国有大型商业银行、股份制商业银行和城市商业银行，前者称为大型商业银行，后两者称为中小商业银行。也就是说，我国大、中小商业银行的规模划分仍局限在银行股东所有权性质上，并非真正意义的资产规模等数值指标的市场化界定，同一范围内的银行分类细化程度不高。这使得"中小商业银行"（即股份制商业银行和城市商业银行的总称）范围内的商业银行在规模、业务范围及能力等各个方面的差异性过大，这不利于有针对性的差异化监管政策的制定和实施，大大削弱了银行监管的有效性。此外，商业银行规模界定标准的设立并非一蹴而就，需要根据经济金融产值的增长、银行业产值占比的扩大等实际情况寻找一个合适的参考指标，并相对此参考指标对商业银行规模界定标准进行动态调整，保证商业银行分类在动态上的合理性。具体而言：

在商业银行规模界定标准上，一方面充分肯定当前以股东所有权划分大、中小银行的合理性，这种划分在一定程度上也较好地体现出了不同类型商业银行在规模、定位、业务能力上的差异；而另一方面要认识到当前这种划分方法的非市场化和非细分化的缺点，尤其对中小银行的划分过于笼统概括。鉴于此，本书建议采用双重的商业银行界定标准，将一直沿用的所有权性质划分与市场化的数字规模划分相结合，即：当前的股东所有权划分（国有控股大型银行为"大商业银行"、股份制商业银行和城市商业银行为"中小商业银行"）为第一层次划分（Ⅰ），在此基础上对Ⅰ中界定的"中小商业银行"再次按照资产规模标准进行第二次划分（Ⅱ）（美国按资产规模的划分标准可

参见第三章第二节），更细化地区分中小商业银行范围内不同规模银行的差异性。差异化监管政策在考虑不同股东性质银行外，也需要考虑中小商业银行内部不同规模银行的差异性，更细化的划分将使差异化政策的制定和执行更具有针对性和可操作性。

在建立动态可调整的商业银行界定标准上，可参考美国各类监管机构的动态调整办法。一种方法是选定某一代表性指标作为参照，将资产规模划分的临界值与此指标挂钩进行年度调整。如美国社区再投资法案（CRA）规定，不同规模商业银行划分的资产规模标准需每年根据CPI进行调整。此消费物价指数为 Consumer Price Index for Urban Wage Earners and Clerical Workers（CPIW），并在每年11月公布，调整周期是12个月。另一种方法并不选定指定的参照指标进行监控调整，而是在经过一定的时间段后，及时对经济社会、银行业规模等实际情况进行重新审视之后对商业银行界定标准进行调整。如美国货币监理署（OCC）、美国联邦保险公司（FDIC）和美联储。

二、差异化监管应与不同规模商业银行战略定位相符

大、中小银行战略定位的不同直接影响着各自客户结构、业务范围、风险特征等众多方面，而这一战略定位差异更是差异化监管政策制定和实施的根本出发点。但从第三章当前中国不同规模银行的差异化监管政策来看，各种监管手段中直接围绕大银行综合化国际化经营，中小银行立足当地服务中小企业的特定战略定位的差异化监管政策较少，而仍是侧重于如何更好满足社会和经济发展的某种金融需求（如中小企业金融服务）。比如，多项差异化内容的出发点是直接对中小企业金融服务的扶持，并非通过扶持中小银行以加大中小企业金融服务力度，而且只要是针对中小企业的金融服务，无论银行规模大小均可享受同等优惠。

没有针对不同类型银行市场定位的差异化监管指引，大型商业银行与中小商业银行均会对类似的业务和客户资源产生兴趣，这一方面会带来银行业的产品服务同质性下的低效经营及恶性竞争，另一方面会削弱各类银行坚持自身战略定位的积极性，直接导致以中小企业为典型代表的弱势客户群体难以获得公平的金融服务。鉴于此，监管当局的差异化监管政策应充分考虑各类银行的战略定位和经营特点的不同，利用差异化政策防范银行业风险、服务特定群体的同时，更好地促进各类银行的特色化经营和银行间的差异化竞

争。比如，在促进中小企业金融服务方面，可根据不同规模银行在中小企业金融服务上的差异，提出鼓励中小企业金融发展且对不同规模银行有所差异的监管引导政策，将不同规模银行自身的战略定位与推动中小企业的金融服务相融合，以防止银行业产品服务同质化的加剧。

三、资本监管差异化的若干建议

（一）注重资本结构要求上的差异化规定

在各类不同规模银行的资本充足率数值均已较高后，资本监管在数值上的更高要求对银行的影响力度会大大削弱，相反，资本构成上的规定可成为差异化监管的另一着力点。当前，大型商业银行虽然以轻资本化、大力发展中间业务为努力方向，但在资本构成上来看，大型商业银行股本和长期次级债券发行量的占比均高于中小银行；而股份制商业银行和城市商业银行在股本占核心资本比例上均较低，城市商业银行次级债务占比却接近甚至超过了大型商业银行。鉴于不同规模银行经营目标及资本构成的不同，资本监管的差异化应注重对不同规模银行资本结构上的调整，对大型银行应该大力拓展非次级债务类附属资本融资渠道，同时控制其风险加权资产的数量，激励其中间业务的发展。相反，对于中小银行，股份制商业银行可适当通过扩充股本和次级债的方式提高资本量，而城市商业银行可充分利用较大的增发股本的空间，以助其扩大以中小企业贷款为主要投向的业务量。

（二）引导大型商业银行在附属资本上的创新

虽然我国银行业核心资本的较高比例提高了银行业的安全性，但是附属资本的作用尚未充分发挥，份额较少且种类较为单一的附属资本渠道不畅（过多依靠次级债务融资）。资本来源方面的创新滞后，很难提高我国银行业的内源资本及价值创造能力，使得商业银行资本补充渠道受阻，阻碍进一步的业务拓展。与中小银行相比，大银行具有较为完善的治理结构和人员、科技基础，在附属资本渠道的应用和创新上已具备一定的条件，监管机构应该在资本筹集中引导和鼓励大型商业银行在非次级债务类附属资本工具上的应用（如优先股、可转债），进而带动整个银行业资本结构的多元化和合理化。

（三）加强中小银行股本来源的引导和监督

与大型商业银行的资本结构相比，中小银行（股份制商业银行和城市商业银行）在股本占核心资本比例上均较低，因此对于城市商业银行股本来源结构的改变是当务之急，应建立合理的吸收民间资本和外资的渠道，吸引民间资本和外资完善商业银行的公司治理结构和内控机制。虽然《关于加强中小商业银行主要股东资格审核的通知》（银监办发〔2010〕115号）中强调提高民间资本在中小银行资本占比中的比例，但仍需尽快出台具体的鼓励民间资本引入的激励措施。

此外，更应注意的是对中小银行所有权结构的审查。由于中小银行的资本金主要来源于民间，对其股东、股东的声誉、股东的财务状况等方面的审查有助于避免出现中小银行主要股东吸收储户存款后潜逃事件的发生。另外，对中小银行股权结构宜采取没有绝对控股权但有多个持股量近似股东的控制结构，不宜选择有绝对控股股东的股权集中型或者股权高度分散型，避免中小银行成为某些大股东操纵的工具，避免关联性贷款的出现，保护其他投资者和存款人的利益。

四、业务结构调整差异化的若干建议

（一）提出差异化的贷款激励

不同规模银行各种资金运用方式的占比有所不同，即各自相对优势有差异。但在当前对不同规模银行的资产业务没有差别化激励的情况下，导致不同规模银行的同质化竞争的加剧。比如，在对小企业金融服务不分银行类别统一的优惠政策下，使得原本即以中小企业为主要客户群的中小银行面临更大的来自大银行的竞争。因此，对于中小银行，若想在占比份额最高的利息收入上表现出更强的竞争力，那么在风险防范的基础上拓展盈利资产规模仍是当务之急。在这一点上又要从中小银行贷款业务的短板入手加以弥补，中小银行在个人消费性贷款和信用卡透支贷款上与大银行相差幅度较大，且城市商业银行本应有的个人经营性贷款优势没有充分体现。鉴于此，应在中小银行个人经营性贷款、针对中小企业客户的个人消费贷款和信用卡透支贷款上给予一定的监管激励，使中小银行在吸引中小企业客户上有更大的优势。

（二）实行差异化的中间业务引导

我国商业银行利息收入占比过高，业务多样性水平上远远落后于发达国家，但在提高银行业务种类多样化上，不可对不同规模银行统一要求。与中小型银行相比，大型银行在综合性的战略定位，已有业务基础及较低的成本优势，科技水平及人员素质上均具有大力发展中间业务的优势。在此情况下，大型商业银行需要监管部门通过一些优惠政策为其发展非利息业务提供相关政策支持，以助其更明确自身发展定位并向着综合性的方向快速前进，摆脱依赖利差收入的局面，成为真正的国际性、综合性的大型商业银行。由于我国金融业目前仍以分业经营为主，证券业务和保险业务提升空间不大，而资产管理类业务具有较好的运营基础，可作为提高中间业务收入的突破口。高附加值投资理财和资产管理业务可成为我国银行业中间业务扩展、丰富银行业务种类、降低利率市场化下利差收入缩小影响的主要方向。

此外，对于中小银行的中间业务发展，尽管有诸多的内外不利因素但并不代表不应鼓励中小银行中间业务的发展，而是应该思考如何帮助中小银行能更好地满足中小企业的非传统业务需求。就目前的监管政策而言，可以放开和激励中小银行在较为传统的低风险类的中间业务（如支付结算、理财服务、管理咨询等），这样，一方面可以减小当前中小银行在这几项业务受限的情况下存在较大潜在风险的担保承诺类业务的占比，另一方面可以更好地从多方面吸引中小企业客户，促进中小银行的特色化经营。

五、机构准入监管差异化的若干建议

（一）适度放开中小银行市场准入限制

放松中小银行的市场准入是中小银行自身得以成长、壮大和发展的必要条件。而与中小银行较少的分支机构数量相对应，分支机构数量庞大的大型银行在单位机构的服务效率、资产拓展能力、盈利能力上均低于中小银行，需要通过瘦身提高自身乃至整个银行体系的效率。这种机构数量匹配上的失衡需要监管部门采用强制性的差异化监管手段予以调整，更好地实现金融服务对经济发展的推动。在市场准入尤其是对中小银行的准入上，需要对中小银行的市场需求数量进行科学分析和评估，在发展的进度安排、准入条件等方面做出具体规划。

从大、中小银行在各地的机构分布及经营效率来看，在中小银行各地区单位机构资产拓展能力、盈利性、资源匹配效率（存贷比例）大于大型银行的状况下，中小银行在经济欠发达地区，如中西部和东北地区的分支机构的高效性更加凸显，中小银行应充分发挥这一比较优势，通过增设分支机构增大市场份额这一手段的实施重点可以放在中西部及东北地区，同时推进这些地区银行业整体的服务效率的提升。在经济发展不均衡的影响下，同时受到机构设立准入的限制，中小银行忽略了对各地市场的研究和发展，两者导致的共同结果是，一方面经济金融欠发达的急需金融服务的地区和人群需求得不到满足，另一方面中小银行也无法发挥竞争优势。为了改变这种状况，放开准入政策并积极引导中小银行在经济金融发展较为落后、金融服务供不应求，并且其自身经营效率又较高的地区开设分支机构，引入竞争机制提高这些地区金融服务效率的同时，可以使中小银行寻找到新的盈利点；而不应仅利用行政手段要求分支机构数量庞大的大型银行继续增设机构为金融欠发达的地方提供低效率的金融服务。

（二）将"对当地经济的金融服务贡献"纳为机构准入考核标准

以服务当地经济为基础拓展自身市场占有率是银行设立分支机构的目的所在，监管当局更应以是否能够提高当地金融服务数量和质量作为衡量能否设立银行分支机构的主要依据，而不应该仅以对小企业金融服务的提供作为判断标准[①]。在这一点上，美国通过 CRA 法案在银行分支机构准入时评估该银行服务当地经济的金融业务状况和能力，这值得我国借鉴。

美国在银行分支机构审批中更注重拟设立的机构对当地经济的金融服务状况，并对不同规模银行在此方面的考核内容有所不同。具体的评估项目内容，比如对不同规模银行均需评估拟设机构区域内外、该区域内不同收入地区的贷款活动，包括不同收入地区的中小企业及农业贷款的笔数和数量；不同收入群体的贷款情况，且大银行还需公布商业和农业小额贷款四个贷款金额区间的贷款数量；以及对年收入小于 100 万美元的小企业贷款数量与全部小企业贷款总量的比较。此外，关注大银行在创新和灵活性贷款上的实践，考虑大银行是否通过提供创新性或灵活性的信用产品开展对低收入和中等收入人群或地区的信贷活动；并且注重小银行处理投诉的情况，是否面对评估地区信贷投诉采取了实质性的、创造性的解决方法或反应行动。

六、风险检测指标差异化的若干建议

（一）注重不同规模银行风险监测指标的差异性

不同类型银行不同的风险特征使得同样的风险监控指标在大中小银行之

---

① 我国当前对银行分支机构准入上是否放宽的一个重要的考核标准是对小企业金融服务业务的完成情况。

间缺乏可比性，削弱了对各类银行风险判别的针对性和有效性。目前我国的"风险管理方法与规模相应"的思想仍仅作为一项指引性纲领为实际监管工作提供差异化的政策依据，亟需以规章的形式将此差异化的思想落实为不同规模银行的各类风险的监测内容。

具体而言，一是在流动性风险上，建立对中小银行流动性风险的特殊监控指标以及相应的流动性风险应急预案；二是在信用风险上，注重由于不同规模银行历史因素、业务结构和对象不同带来的信用风险结构的差异。大、中小银行在贷款前几大客户集中度、贷款的行业和地区分布、贷款客户类型、表内外信用风险暴露的占比、不同担保方式的贷款比例上均有所不同，应该根据各自的信用风险特征在具体的信用风险监测中有所侧重，建立起差异化的对不同规模银行的定性、定量的信用风险监测内容，更敏感和有效地对大中小银行的信用风险进行监控和预测；三是在市场风险上，对大型商业银行市场风险的监控应较中小银行受到更大的重视，一方面防止大型商业银行市场风险的激增和蔓延，另一方面通过对市场风险管理的监督更好地促进大型商业银行业务的多样化。

（二）建立差异性的存款保险制度

由上述数据分析可见，与大型商业银行相比，中小商业银行流动性较弱，面临着更高的风险性和不确定性。中小金融机构需要强制性存款保险制度，一方面是对中小金融机构发展的一种强制性保护，另一方面可保护存款人利益，维护银行业秩序稳定，提高监管效率。鉴于此，我国急需引入显性存款保险制度，尤其是基于不同规模银行风险特征的差异化存款保险方案。

关于差异化的存款保险制度，美国较为成熟的存款保险制度值得借鉴。上文阐述了美国针对三类不同规模的商业银行在存款保险制度上的若干差异。由于不同规模商业银行业务结构复杂性不同带来的风险特征不同，美国存款保险制度在对不同规模商业银行风险评估方法和内容上存在明显的差异。这种差异化监管措施，一方面能对不同规模商业银行的风险状况有更准确的评定，另一方面存款保险费用与风险大小的合理挂钩更充分地体现了监管的公平性，尤其对小规模银行相对较低的保费比例有利于提高中小企业这一特殊客户群体金融服务的可获得性。

专题6　商业银行流动性风险管理新规定

2014 年，为促进我国银行业加强流动性风险管理，维护银行体系的安全稳健运行，银监会在借鉴国际监管标准、结合我国银行业流动性风险管理实践并广泛征求社会各界意见的基础上，制定《商业银行流动性风险管理办法（试行)》。《商业银行流动性风险管理办法（试行)》将有助于促进商业银行提高流动性风险管理的精细化程度和专业化水平，合理匹配资产负债结构，增强商业银行和整个银行体系应对流动性冲击的能力。

1. 定性与定量监管要求相结合

将分散在不同法规和制度中的流动性风险监管定性和定量要求进行整合，完善充实流动性风险管理的定性要求，梳理现行流动性风险指标，引入《巴塞尔协议第三版》流动性覆盖率这一新指标，并区分合规性监管指标和监测指标。

2. 微观审慎与宏观审慎视角相结合

加强单体机构流动性风险管理与监管的同时，引入宏观审慎视角，要求监管机构和商业银行密切跟踪研究宏观经济金融政策调整和金融市场变化对银行体系流动性的影响，监测分析市场整体流动性状况，并在流动性风险压力测试中充分考虑市场发生重大不利变化等因素，尽早发现市场流动性紧张、融资成本提高等迹象，及时采取应对措施。

3. 中外资银行监管要求相结合

《商业银行流动性风险管理办法（试行)》实现对中外资银行具有共性的流动性风险监管要求的统一，以建立覆盖中外资银行流动性风险管理和监管的完整制度框架，同时也针对外资银行流动性风险管理的特殊性做出规定。

参考文献

［1］Christian Cronroos. Competitive Strategy in Banking ［M］. New York：Free Press，1984.

［2］唐双宁. 分类监管——中国银行业有效监管的必然选择 ［J］. 银行家，2005（8）：12-14.

［3］徐思新. 实施差别监管，提高监管效率 ［J］. 管理现代化，2006（1）：10-12.

［4］王晔. 现代银行监管理论与中国银行监管制度的完善 ［D］. 大连：东北财经大学，2003.

［5］Mckinnon R I. 经济发展中的货币与资本 ［M］. 卢聪，译. 上海：上海人民出版社，1988.

［6］爱德华·肖. 经济发展中的金融深化 ［M］. 邵伏军等，译. 北京：中国社会科学出版社，1989.

［7］Laffont J J, Tirole J. A Theory of Incentives in Procurement and Regulation ［M］. Boston：MIT press，1993.

［8］Porter M. Competitive strategy ［M］. New York：Free Press，1980.

［9］巴曙松，陈华良. 2004 年全球金融监管：综述与趋势展望 ［J］. 世界经济，2005（3）：63-68.

［10］巴曙松，刘清涛，牛播坤. 中国资本充足监管框架的形成及其市场影响——兼论巴塞尔新资本协议与《商业银行资本充足率管理办法》的比较 ［J］. 财经科学，2005（1）：10-16.

［11］傅建华. 中小商业银行发展的三个关注点 ［J］. 现代商业银行，2005（4）：24-26.

［12］单建保. 试论中资银行迎接入世的战略及措施 ［J］. 中国外汇管理，2001（12）：12-13.

［13］Stigler G J. The Economics of Information ［J］. The Journal of Political Economy，1961：213-225.

［14］Merton R C. Operation and Regulation in Financial Intermediation：A Functional Perspective ［M］. Division of Research, Harvard Business School, 1992.

［15］阎庆民. 中国银行业监管效率分析 ［J］. 金融研究, 2002 (8)：75 - 81.

［16］刘有鹏, 晏宗新, 周闽军. 中国银行业管制效率：评价原则与检验 ［J］. 财贸研究, 2005 (5)：54 - 60.

［17］刘宇飞. 国际金融监管的新发展 ［M］. 北京：经济科学出版社, 1999.

［18］Barth J R, Caprio G, Levine R. The Regulation and Supervision of Banks around the World：A New Database ［M］. Washington DC：World Bank Publications, 2001.

［19］Barth J R, Caprio J G, Levine R. Banking Systems around the Globe：Do Regulation and Ownership affect Performance and Stability? ［C］. Prudential Supervision：What Works and What Doesnt. Chicago：University of Chicago Press, 2001, 31 - 96.

［20］Barth J R, Caprio G, Levine R. Bank Regulation and Supervision：What Works Best? ［J］. Journal of Financial Intermediation, 2004, 13 (2)：205 - 248.

［21］Berger A N, Demirg K A, Levine R, et al. Bank Concentration and Competition：An Evolution in the Making ［J］. Journal of Money, Credit and Banking, 2004：433 - 451.

［22］Barth J R, Caprio J G, Levine R. The Microeconomic Effects of Different Approaches to Bank Supervision ［J］. Political Institutions and Financial Development, 2005 (6)：211 - 252

［23］Barth J R, Caprio G, Levine R. Bank Regulations are Changing：For Better or Worse? ［J］. Comparative Economic Studies, 2008, 50 (4)：537 - 563.

［24］宓丹. 银行监管的目标体系分析 ［J］. 财经科学, 2005 (5)：58 - 63.

［25］陈菲, 姜旭朝. 中国银行监管效率改进趋势研究 ［J］. 中南财经政法大学学报, 2009 (1)：73 - 77.

［26］刘敏, 杨盛兰. 银行监管的有效性研究：基于成本 - 收益的视角

［J］. 财会研究, 2010, No. 378（12）: 40 – 43.

［27］Lee T. Capital Requirements, Output, and Optimal Policy Design［D］. Texas: University of Texas, 2002.

［28］Tchana T F. Implications of Banking Regulation for Banking Sector Stability and Welfare［D］. Rondebosch: University of Cape Town, 2008.

［29］Berger A N, Herring R J, Szeg G P. The Role of Capital in Financial Institutions［J］. Journal of Banking & Finance, 1995, 19（3）: 393 – 430.

［30］Shrieves R E, Dahl D. The Relationship between Risk and Capital in Commercial Banks［J］. Journal of Banking & Finance, 1992, 16（2）: 439 – 457.

［31］Reed R M. Determinants of Loan Losses in National Banks: Size, Regulation, and the AICPA Model［D］. Louisiana: Louisiana Tech University, 1998.

［32］Demirg K A, Detragiache E. Does Deposit Insurance Increase Banking System Stability? An Empirical Investigation［J］. Journal of Monetary Economics, 2002, 49（7）: 1373 – 1406.

［33］Claessens S, Klingebiel D. Competition and Scope of Activities in Financial Services［J］. The World Bank Research Observer, 2001, 16（1）: 19 – 40.

［34］Hussain M E. Capital Regulation, Risk – Taking, Bank Lending and Depositor Discipline［M］. ProQuest, 2007.

［35］Kibritcioglu A. Monitoring Banking Sector Fragility［J］. The Arab Bank Review, 2003, 5（2）: 51 – 66.

［36］Rime B. Capital Requirements and Bank Behavior: Empirical Evidence for Switzerland［J］. Journal of Banking & Finance, 2001, 25（4）: 789 – 805.

［37］周光宇, 甘为民, 张先兵. 改进中小商业银行资本监管弹性机制的研究述评［J］. 经济学动态, 2009（9）: 92 – 95.

［38］左和平, 朱怀镇. 中日中小银行监管比较与启示——基于新资本协议框架［J］. 财政研究, 2009（1）: 77 – 78.

［39］朱建武. 监管压力下的中小银行资本与风险调整行为分析［J］. 当代财经, 2006（1）: 65 – 70.

［40］朱建武，沈黎明．我国中小银行成长分析模型及其实证检验［J］．生产力研究，2005（1）：61－63．

［41］王浩志．银行资本监管对中小银行经营绩效影响的研究［D］．长春：吉林大学，2010．

［42］S L, Shi X. Liquidity Pools, Risk Sharing, and Financial Contagion［J］. Journal of Financial Services Research, 2004, 25（1）: 5－23.

［43］Cerasi V, Daltung S. The Optimal Size of a Bank: Costs and Benefits of Diversification［J］. European Economic Review, 2000, 44（9）: 1701－1726.

［44］Rice T, Strahan P E. Does Credit Competition Affect Small Firm Finance?［J］. The Journal of Finance, 2010, 65（3）: 861－889.

［45］谢晶晶，任晓辉，尹伊．中小银行呼唤"另类监管"［J］．金融经济，2008（18）：41－42．

［46］张波．监管视角下的中小银行构建、运营与退出机制分析［J］．西部金融，2009（4）：23－24．

［47］黄复兴．中小银行风险预警与退出机制研究［J］．社会科学，2009（12）：28－35．

［48］黄复兴．中小银行市场退出预警机制研究［J］．上海经济研究，2011（5）：60－71．

［49］杨祎．商业银行风险监管研究［D］．成都：四川大学，2007．

［50］丁玲华．基于金融效率的金融监管研究［D］．武汉：武汉理工大学，2008．

［51］王棋．银行监管效率文献综述［J］．中国城市经济，2011（9）：86－88．

［52］李正阳．中外银行业监管效率的比较分析［J］．国际经贸探索，2011（7）：62－67．

［53］白钦先．20 世纪金融监管理论与实践的回顾和展望［J］．城市金融论坛，2000（5）：8－15．

［54］崔安明．我国城市商业银行差异化发展研究［D］．杭州：浙江大学，2012．

［55］石国臣．美国金融监管制度改革及其借鉴［D］．长春：吉林大学，2004．

[56] 李雁山. 次贷危机背景下美国金融监管改革及对我国的启示 [D]. 长春：吉林大学, 2009.

[57] 满海红. 金融监管理论研究 [D]. 沈阳：辽宁大学, 2008.

[58] 张迎春, 张璐. 农村中小金融机构差别监管的内在机理：由村镇银行生发 [J]. 改革, 2012, 219 (5)：54 – 59.

[59] 孟艳. 我国银行监管的有效性问题研究 [M]. 北京：经济科学出版社, 2007.

[60] Boyreau – Debray G, Wei S J. How Fragmented is the Capital Market in China? [C]. 2003.

[61] 孟艳. 我国企业内外源融资结构的差异与影响 [J]. 金融教学与研究, 2004 (6)：2 – 411.

[62] 刘永启. 我国银行监管有效性研究 [D]. 沈阳：辽宁大学, 2009.

[63] 马腾跃. 银行监管向纵深迈进 [J]. 中国金融家, 2011 (2)：75 – 77.

[64] Marlin J A. The Quality of Bank Credit [R]. Research Report. Washington DC：FDIC, Research Division, 1968.

[65] Mceachern D J. The Outlook for the Thrift Industry：A Survivor's Guide [J]. Journal of Accountancy, 1990：49 – 57.

[66] Berger A N, Hanweck G A, Humphrey D B. Competitive Viability in Banking：Scale, Scope, and Product Mix Economies [J]. Journal of Monetary Economics, 1987, 20 (3)：501 – 520.

[67] Clark J A, Speaker P J. Economies of Scale and Scope in Banking：Evidence from a Generalized Tran – slog Cost Function [J]. Quarterly Journal of Business and Economics, 1994：3 – 25.

[68] Boyd J H, Gertler M. The Role of Large Banks in the Recent US Banking Crisis [J]. Federal Reserve Bank of Minneapolis Quarterly Review, 1994, 18 (1)：2 – 21.

[69] Samolyk K A. US Banking Sector Trends：Assessing Disparities in Industry Performance [J]. Economic Review, Federal Reserve Bank of Cleveland, 1994：2 – 17.

[70] Saxena A K. Cost Complementarities among Banking and Nonbanking

Activities of Bank Holding Companies and the Cost of Regulation [D]. Knoxville: University of Tennessee, 1993.

[71] Duetsch L L. Industry Studies [M]. ME Sharpe Inc, 2002.

[72] Demsetz R, Strahan P. Historical Patterns and Recent Changes in the Relationship between Bank Holding Company Size and Risk [J]. Economic Policy Review, 1995, 1 (2).

[73] Tao R, Adviser – filson D. The Dynamics of Strategic Behavior in Retail Banking Markets: the Cases of the United States and China [M]. Claremont: Claremont Graduate School, 2008.

[74] Dick A A. Market Size, Service Quality, and Competition in Banking [J]. Journal of Money, Credit and Banking, 2007, 39 (1): 49 – 81.

[75] Dick A A. Demand Estimation and Consumer Welfare in the Banking Industry [M]. Divisions of Research & Statistics and Monetary Affairs, Federal Reserve Board, 2002.

[76] Meinster D R, Johnson R D. Bank Holding Company Diversification and the Risk of Capital Impairment [J]. The Bell Journal of Economics, 1979: 683 – 694.

[77] Rose P S. Diversification of the Banking Firm [J]. Financial Review, 1989, 24 (2): 251 – 280.

[78] Maglin P. Understanding Default Probabilities, Default Correlation, Equity Correlation, and Value at Risk: 150 Commercial Banks in the US [M]. ProQuest, 2008.

[79] Graham D R, Humphrey D B. Bank Examination Data as Predictors of Bank Net Loan Losses [J]. Journal of Money, Credit and Banking, 1978: 491 – 504.

[80] Shrieves R E, Dahl D. The Relationship between Risk and Capital in Commercial Banks [J]. Journal of Banking & Finance, 1992, 16 (2): 439 – 457.

[81] 王晓龙, 周好文. 银行资本监管与商业银行风险——对中国 13 家商业银行的实证研究 [J]. 金融论坛, 2007, 12 (7): 45 – 48.

[82] 吴俊, 张宗益, 徐磊. 资本充足率监管下的银行资本与风险行

为——《商业银行资本充足率管理办法》实施后的实证分析［J］．财经论丛，2008（2）：36－42.

［83］Demirg K A, Detragiache E. Cross－country Empirical Studies of Systemic Bank Distress：A Survey［J］．National Institute Economic Review，2005，192（1）：68－83.

［84］Mitchener K J. Supervision, Regulation, and Financial Instability：The Political Economy of Banking during the Great Depression［J］．The Journal of Economic History, 2003, 63（2）：525－532.

［85］Mitchener K J. Supervision, Regulation, and Financial Instability：The Political Economy of Banking during the Great Depression［D］．Berkeley：University of California, Berkeley, 2001.

［86］Demirg K A, Detragiache E, Romero C A. The Determinants of Banking Crises：Evidence from Industrial and Developing Countries［M］．Washington DC：World Bank Publications, 1997.

［87］Detragiache E, Demirg K A. Financial Liberalization and Financial Fragility［M］．Washington DC：International Monetary Fund, 1998.

［88］孙天琦，刘皓．我国中小金融机构发展中存在的问题与对策综述［J］．国际金融研究．2001（11）：43－49.

［89］吴玮．资本监管与商业银行行为研究［D］．成都：西南财经大学，2011.

［90］吕静秋．我国中小型商业银行效率与监管研究［D］．长春：吉林大学，2009.

［91］程惠霞．中小银行生存与发展研究［D］．北京：清华大学，2003.

［92］叶望春，金融．中小银行的市场定位战略［M］．北京：经济管理出版社，2002.

［93］谭诺．新世纪中小商业银行：生存与发展［M］．北京：经济管理出版社，2001.